韓国語能力試験
TOPIK 1・2級
初級読解対策

南嘉英

語研

はじめに

アンニョンハセヨ？

　本書は「韓国語能力試験」のTOPIK1・2級（TOPIK Ⅰ）を目指している方のための読解対策本です。以前『韓国語能力試験 TOPIK1・2級初級単語800』が出版された後，本格的に試験をどうやって準備すればよいのか相談されることが増えました。そうした方々のお役に少しでも立てたらという思いで，本書を執筆いたしました。

　初級はこれから韓国語を勉強するにあたって土台を作るのに一番大事な時期です。ですので，試験で単純に高得点を得られるコツを覚えるよりは，時間が少しかかっても基礎をしっかり身に着けることができるように本書の内容を構成してあります。

　2014年にTOPIKが改訂されてから，以前あった文法知識を問う問題がなくなりました。それによって文法の勉強がいらないと思う方もいらっしゃるかもしれません。確かに会話では文法がわからなくても，知っている単語を羅列することで簡単にコミュニケーションが取れることもあります。しかし，正確な意思疎通やレベルアップを目指すには限界があります。初級で習う文法は日常生活でも幅広くいろんな場面で使える，活用度がとても高いものばかりです。本書の復習編ではTOPIK Ⅰの問題を解く時および日常会話をする時，使用頻度がもっとも高い文法項目をピックアップしました。

　攻略編では，試験に出題される問題形式のパターンを分析し，そのパターンごとに解説や対策法を説明しています。パターンごとに問題を解くコツを身につけます。

　最後のまとめとして実際の試験と同じように時間を計りながら模擬試験に挑戦してみることで，必ずいい結果につながると確信しています。

　最後に，本書が出版に至るまで力を尽くしてくださった出版社の方々，いつも応援してくれた家族や友人に深く感謝いたします。

2020年

南嘉英

目　次

読解のための**復習編**① （18 の助詞をマスターしよう！）

読解のための 復習編② （58の文法をマスターしよう！）

5

6

読解のための**攻略編**（16の出題パターンをマスターしよう！）

まとめの**模擬試験**（最後に1回分模試（読解のみ）に挑戦してみよう！）　222

【装丁】クリエイティブ・コンセプト

試験の概略と勉強法

目的

韓国語を母語としていない在外韓国人や外国人の韓国語学習方向提示および韓国語普及の拡大。韓国語使用能力を測定・評価し，その結果を韓国国内の大学留学および就職などに活用。

受験対象

韓国語を母語としない在外同胞，および外国人として韓国語を勉強している者。

TOPIK資格の活用法

① 政府招請の外国人留学生の選抜および学事管理。
② 外国人および12年間外国の教育課程を履修した在外韓国人の国内大学・大学院入学
③ 韓国企業への就職希望者の就労ビザ獲得および選抜，人事の基準。
④ 外国人医者資格者の国内免許の認定。
⑤ 韓国語教員2級および3級試験受験資格の取得。
⑥ 永住権取得。
⑦ 結婚移民者ビザ発行申請。

有効期間

成績発表日から2年間有効。

試験時期

韓国では年6回，日本では年3回実施。

申し込み	試験日	成績発表日
1月	4月	5月
5月	7月	8月
8月	10月	11月

受験料

TOPIK Ⅰ：3,500 円

TOPIK Ⅱ：4,000 円

申請方法

郵送またはインターネット（www.kref.or.jp）より申請。

試験領域・時間・配点

試験水準	領域	時間	形式	問題数	配点	配点合計
TOPIK I	聞き取り	40 分	四択	30 問	100 点	200 点
	読解	60 分	四択	40 問	100 点	

合格点

試験水準	配点	等級	合格点
TOPIK I	200 点	1 級	80 − 139 点
		2 級	140 − 200 点

国立国際教育院（NIIED）発表のTOPIK Ⅰ 評価基準

等級	評価基準
1 級	✓「自己紹介，物を購入する，食べ物を注文する」など，生活に必要な基礎的な言語技能を遂行することができ，「自分自身，家族，趣味，天気」などたいへん私的で身近な話題に関連した内容を理解し表現することができる。 ✓ 約 800 個の基礎語彙と基本文法に関する理解を基に簡単な文章を生成することができる。 ✓ 簡単な生活文と実用文を理解し構成することができる。
2 級	✓「電話する，頼みごとをする」などの日常生活に必要な技能と「郵便局，銀行」などの公共施設の利用に必要な技能を遂行することができる。 ✓ 約 1,500 〜 2,000 個の語彙を利用して私的で身近な話題に関して段落単位で理解し使用することができる。 ✓ 公式的な状況と非公式的な状況での言語を区分して使用することができる。

＊詳細は TOPIK の公式 HP（https://www.kref.or.jp/examination）でご確認いただけます。

パターン	問題	配点	説明
パターン1	31～33 ／ 3問	6点	✓ 語彙選択
パターン2	34～39 ／ 6問	14点	✓ 穴埋め (文法＋語彙)
パターン3	40～42 ／ 3問	9点	✓ 一致しない文を探す (実用文)
パターン4	43～45 ／ 3問	8点	✓ 一致する文を探す（文章）
パターン5	46～48 ／ 3問	8点	✓ 3文を読んで文のテーマを探す
パターン6 〜 パターン9	49～56 ／ 8問	19点	✓ ある程度の長さの文を読んで理解度を測る形式 ・穴埋め：4問 ・主題文探し：1問 ・一致する文探し：3問
パターン10	57～58 ／ 2問	5点	✓ 文の並び替え
パターン11 〜 パターン16	59～70 ／ 12問	31点	✓ ある程度の長さの文を読んで理解度を測る形式 ・文の挿入：1問 ・文の目的：1問 ・穴埋め：4問 ・一致する文探し：6問

試験勉強する時の注意点

1 簡単な問題を確実に解く

　試験では60分間40個の問いに答えなければなりません。簡単な問題から出題され難易度はだんだん上がっていきます。高得点を目指す方は初めのほうに出題される簡単な問題でミスを犯さないように注意します。難易度が上がると問題の文章も長くなるので，最後まで集中力を維持することも大事です。

2 速読力を鍛える

　60分間で読む量が多いので，口で読まずに目で読む練習を普段からしておきましょう。文字一つひとつ追っていくより，語彙の塊で認識したほうが内容の理解が早いです。普段から勉強する時にも一目で意味が理解できるようにしておきましょう。

③ 語彙力を鍛える

とにかく語彙をたくさん覚えてください。単語を覚える時は韓国語から日本語，日本語から韓国語が出てくるように練習してください。単語の意味だけではなく，文を作ってみるのも大切です。反義語（特に形容詞，副詞）や類義語にも目を通しておきましょう。語学の勉強はひたすら覚えて，聞いて，書いて，言ってみることがすべてです。『韓国語能力試験 TOPIK 1・2 級 初級単語 800』（語研）が出版されておりますのでよろしければ本書と一緒にご活用ください。

④ 問題をたくさん解く

解いてみた問題に出て来た単語や熟語は完璧に覚えてください。パターンに慣れてくることは大事です。しかし過去問を何回分やったかが重要ではなく，1 回分でもその中に出てきた単語やフレーズをきちんと覚えて理解することのほうが更に重要なことです。

⑤ ○× を付けながら問題を解こう

答えがすぐにわかる時もあれば，ひっかけ問題など紛らわしい問題もあります。その際は削除法を用いて答えを探しましょう。答えにできないものに×を付け，その理由となる本文の部分に線を引きましょう。選択肢を減らすことでミスも減るし，答えを探しやすくなります。問題紙に落書きをしてはいけないけれど，線を引いたり，メモを取ることは OK です。

⑥ 文法もしっかり抑える

新 TOPIK に変わったことで以前あった「語彙・文法」がなくなりました。しかし，初級で学習する文法はこれからの韓国語の学習にあたってもっとも重要な部分です。基本文法から発展する文法がどんどん増えていき，微妙なニュアンスの差も初級文法の土台がないと理解しにくくなります。語彙も文法を使い作文して覚えることをお勧めします。

以上のことを参考にしながら実際にたくさんの練習問題を解いてみましょう！

学習計画表

2週間コース

開始日： 　年　　月　　日

1日目	2日目	3日目	4日目	5日目	6日目	7日目
1 - **6**	**7** - **12**	**13** - **18**	**1** - **5**	**6** - **11**	**12** - **17**	**18** - **21**
(p.14-19)	(p.20-25)	(p.26-31)	(p.36-41)	(p.42-47)	(p.48-53)	(p.54-59)
済	済	済	済	済	済	済

◀━ 助詞をマスター！ ━▶ 　 文法をマスター！

8日目	9日目	10日目	11日目	12日目	13日目	14日目
22 - **25**	**26** - **31**	**32** - **37**	**38** - **42**	**43** - **48**	**49** - **54**	**55** - **58**
(p.60-65)	(p.66-71)	(p.72-77)	(p.78-83)	(p.84-89)	(p.90-95)	(p.96-99)
済	済	済	済	済	済	済

◀━━━━━━ 文法をマスター！ ━━━━━━▶

※上記は2週間で助詞・文法の復習編を終えるための計画表です。このとおりに進めなくてはいけないというわけではありません。自分のペースで無理なく学習を進めていきましょう。

カスタムコース

開始日： 　年　　月　　日

済	済	済	済	済	済	済
済	済	済	済	済	済	済
済	済	済	済	済	済	済

※自分で好きなように計画を書き込んでください。

読解のための

復習編①

▶ 18 の助詞を
マスターしよう！

1 名詞＋**가/이**　　　　　　　　**〜が**

解説 日本語と使い方が異なる場合があるので注意が必要です（ポイント②参照）。会話の流れで，最初の質問にはこの「-가/이」を用いる場合が多いです。

接続法 名詞の最後の文字のパッチムで判断します。

| パッチム無 | -가 | パッチム有 | -이 |

ポイント① 「나（私）」「저（私，わたくし）」「누구（誰）」の接続は形が変化します。

　　나　＋가/이 … 나가〔×〕／내가〔○〕（私が）

　　저　＋가/이 … 저가〔×〕／제가〔○〕（わたくしが）

　　누구 ＋가/이 … 누구가〔×〕／누가〔○〕（誰が）

ポイント② 日本語に訳すと「〜に」を使う場面でも，韓国語では「-가/이」を使う場合があります。

　　《名詞＋**가/이 되다**（なる）：名詞＋になる》

　　… 저는 올해 20살이 됩니다. （私は今年 20 歳になります。）

　　… 2시가 됐습니다. （2時になりました。）

【CHECK】

🖐 次の語に助詞「**가/이**」を付けてください。

① 선생님 …（　　　　　）　⑥ 학생 …（　　　　　）
② 회사원 …（　　　　　）　⑦ 친구 …（　　　　　）
③ 가구 …（　　　　　）　⑧ 고향 …（　　　　　）
④ 학교 …（　　　　　）　⑨ 이름 …（　　　　　）
⑤ 연락 …（　　　　　）　⑩ 무엇 …（　　　　　）

🖐 日本語に合わせて（　　）に合った形を入れましょう。

⑪ **私**(わたくし)が韓国人です。　… （　　　）한국 사람입니다.

⑫ **天気**が寒いです。　… （　　　　）춥습니다.

⑬ 週末は**計画**がありません。　… 주말에는（　　　）없습니다.

⑭ **弟／妹**が学校へ行きます。　… （　　　）학교에 갑니다.

⑮ **携帯電話**が机の上にあります。　… （　　　　　）책상 위에 있습니다.

2 名詞＋는/은　　　　　　　　～は

解釈 使い方は日本語と同様です。

練習法 名詞の最後の文字のパッチムで判断します。

パッチム無	-는	パッチム有	-은

【CHECK】

✍ 次の語に助詞「는/은」を付けてください。

① 계절 … (　　　　　　) ⑥ 우리 … (　　　　　　)
② 사람 … (　　　　　　) ⑦ 우유 … (　　　　　　)
③ 나이 … (　　　　　　) ⑧ 집 … (　　　　　　)
④ 오늘 … (　　　　　　) ⑨ 비빔밥 … (　　　　　　)
⑤ 동생 … (　　　　　　) ⑩ 휴대 전화 … (　　　　　　)

✍ 日本語に合わせて (　　) に合った形を入れましょう。

⑪ **私は**会社員です。 … (　　　) 회사원입니다.
⑫ **今日は**学校に行きません。 … (　　　) 학교에 안 갑니다.
⑬ **先生は**韓国人です。 … (　　　　) 한국 사람입니다.
⑭ **ここは**立ち入り禁止です。 … (　　　) 출입 금지입니다.
⑮ **ソウルは**雪が降っています。 … (　　　) 눈이 옵니다.

3 **名詞＋를/을** 　　　　　～を

解説 日本語と使い方が違う場合があるので注意が必要です（ポイント①，②参照）。

接続方法 名詞の最後の文字のパッチムで判断します。

| パッチム無 | .... -를 | パッチム有 | .... -을 |

ポイント① 日本語に訳すと「～が」を使う場面でも，韓国語では「를/을」を使う場合があります。

좋아하다 好きだ　**싫어하다** 嫌いだ　**잘하다** 上手だ　**못하다** 下手だ

　　… 저는 한국 요리를 좋아합니다/싫어합니다. (私は韓国料理**が好き**／**嫌い**です。)
　　… 저는 영어를 잘합니다/못합니다. (私は英語**が上手**／**下手**です。)

ポイント② 日本語に訳すと「～に」を使う場面でも，韓国語では「를/을」を使う場合があります。

만나다 会う　**가다/오다** 行く／来る　**타다** 乗る　**만지다** 触る

　　… 사람을 만나다 (人**に会う**)
　　… 소풍/여행/등산을 가다/오다 (遠足／旅行／登山**に行く**／**来る**)
　　… 비행기/자동차/택시를 타다 (飛行機／自動車／タクシー**に乗る**)
　　… 그림을 만지다 (絵**に触る**)

【CHECK】

次の語に助詞「을/를」を付けてください。

① 공부 …（　　　　　）　⑥ 우리　　…（　　　　　）
② 영화 …（　　　　　）　⑦ 우유　　…（　　　　　）
③ 친구 …（　　　　　）　⑧ 집　　　…（　　　　　）
④ 청소 …（　　　　　）　⑨ 비빔밥　…（　　　　　）
⑤ 밥　 …（　　　　　）　⑩ 휴대 전화 …（　　　　　）

日本語に合わせて（　　）に合った形を入れましょう。

⑪ **友達に**会います。　　　　　　… （　　　　　）만납니다.
⑫ **韓国語を**習います。　　　　　… （　　　　　）배웁니다.
⑬ **音楽が**好きです。　　　　　　… （　　　　　）좋아합니다.
⑭ **旅行に**行きます。　　　　　　… （　　　　　）갑니다.
⑮ **ご飯を**食べます。　　　　　　… （　　　　　）먹습니다.

CHECK 解答　①공부를　②영화를　③친구를　④청소를　⑤밥을　⑥우리를　⑦우유를　⑧집을
⑨비빔밥을　⑩휴대 전화를　⑪친구를　⑫한국어를　⑬음악을　⑭여행을　⑮밥을

4 名詞＋에게　名詞＋한테　～に，～から

解説 人・動物などの生き物と結合します（動物には「-에게」より「-한테」を使う場合が多い）。「-에게」はフォーマルな場面，「-한테」はカジュアルな場面でよく使います。

接続方法 パッチム関係なく接続されます。

| パッチム無 | 에게(서) / 한테(서) | パッチム有 | 에게(서) / 한테(서) |

ポイント❶ 話し手が他人から受け取ったことを強調したり，明確にしたりする時は「-에게서」，「-한테서」を使う場合もあります。また，敬語の場合は「-께」を用います。

ポイント❷ 植物や物には「-에」を使います。

… 꽃에 물을 줍니다.（花に水をやります。）

【CHECK】

✍ 日本語に合わせて（　）に合った形を入れましょう。

① 韓国人に韓国語を習います。　…（　　　　　　　　）한국어를 배웁니다.
② 母に話します。　…（　　　　　　）이야기합니다.
③ 中国人に聞きました。　…（　　　　　　　　）들었습니다.
④ 子犬にミルクをやります。　…（　　　　　　）우유를 줍니다.
⑤ 友達からプレゼントをもらいました。…（　　　　　　　）선물을 받았습니다.

✍ 正しい形はどちらでしょう。

⑥ 友だちに電話します。　…　친구 (에 / 에게) 전화합니다.
⑦ （学校の）休みになりました。　…　방학(에 / 이) 되었습니다.
⑧ 私は韓国語が好きです。　…　저는 한국어(를 / 가) 좋아합니다.
⑨ 運動が面白いです。　…　운동(이 / 을) 재미있습니다.
⑩ 先生にプレゼントをあげます。　…　선생님(가 / 에게) 선물을 줍니다.
⑪ タクシーに乗ります。　…　택시(를 / 한테) 탑니다.

CHECK 解答
①한국 사람에게〔서〕/한테〔서〕　②어머니에게/한테　③중국 사람에게〔서〕/한테〔서〕
④강아지한테　⑤친구에게〔서〕/한테〔서〕　⑥에게　⑦이　⑧를　⑨이　⑩에게　⑪를

17

5 名詞＋와/과　名詞＋하고　　〜と

解釈 使い方は日本語と同様です。「-와/과」はフォーマルな場面，「-하고」はカジュアルな場面でよく使います。

接続方法 「-하고」はパッチム関係なく接続します。「-와/과」は名詞の最後の文字のパッチムで判断します。

| パッチム無 | -와/하고/랑 | パッチム有 | -과/하고/이랑 |

ポイント カジュアルな場面では「-(이)랑」を使う場合もあります。

【CHECK】

✍ 次の語に助詞「와/과」を付けてください。

① 공부　　→（　　　　　　　　）　　⑥ 수요일　→（　　　　　　　　）
② 학교　　→（　　　　　　　　）　　⑦ 방학　　→（　　　　　　　　）
③ 어머니　→（　　　　　　　　）　　⑧ 여름　　→（　　　　　　　　）
④ 운동　　→（　　　　　　　　）　　⑨ 가족　　→（　　　　　　　　）
⑤ 선물　　→（　　　　　　　　）　　⑩ CD(시디)→（　　　　　　　　）

✍ 日本語に合わせて（　　）に合った形を入れましょう。

⑪ **両親と**一緒に住んでいます。　　→（　　　　　　　　）같이 삽니다.
⑫ **彼氏と**会います。　　→（　　　　　　　　）만납니다.
⑬ 机の上に**本と**鉛筆があります。→ 책상 위에（　　　　　　）연필이 있습니다.
⑭ **韓国語と**中国語を習います。　→（　　　　　　　）중국어를 배웁니다.
⑮ 友達に**カードと**プレゼントをも→ 친구에게（　　　　　　）선물을 받았습니다.
　らいました。

6 名詞＋의 ～の

解説 使い方は日本語と同様です。「-의」の発音は〔의〕と〔에〕両方可能ですが，普段は〔에〕と発音する場合が多いです。

接続法 パッチム関係なく接続します。

パッチム無	-의	パッチム有	-의

ポイント❶ 「 나（私）」，「저（私，わたくし）」，「너（あなた）」は縮約できます。

나 ＋ 의 … 나의 / 내 （私の）
저 ＋ 의 … 저의 / 제 （私の，わたくしの）
너 ＋ 의 … 너의 / 네〔네/니〕（あなたの）

ポイント❷ 「私たちの」と言う場合は「우리」のみ用い，「의」は必要ありません。韓国語では自分の所属している団体や集まりを話す時に「나/저」よりも「우리」を使う傾向があります。

내 집	（私の家）	…	우리 집	（我が家）
내 가족	（私の家族）	…	우리 가족	（うちの家族）
내 회사	（私の会社）	…	우리 회사	（我が社）
내 나라	（私の国）	…	우리 나라	（我が国）
내 부모님	（私の両親）	…	우리 부모님	（うちの両親）

【CHECK】

✎ 日本語に合わせて（　）に合った形を入れましょう。

① 男性が**女性の**ものを持っています。 … 남자가 (　　　　) 물건을 가지고 있습니다.

② **友達の**プレゼントを買いに行く予定です。 … (　　　　) 선물을 사러 갈 겁니다.

③ **公演の**開始時間は何時ですか。 … (　　　　) 시작 시간은 몇 시입니까?

④ 今日は**うちの母の**誕生日です。 … 오늘 (　　　　) 생일입니다.

⑤ **先生の**メールアドレスは何ですか。… (　　　　) 이메일 주소는 어떻게 됩니까?

①여자의　②친구의　③공연의　④우리 어머니의　⑤선생님의

CHECK解答

7 名詞＋에　｜　〜へ，〜に，〜で

解釈 ① 目的地の場所＋へ＋移動動詞

② 基準：数量，時間＋に／で

③ 存在の場所＋に＋「있다/없다」

接続法 パッチム関係なく接続します。

| パッチム無 | -에 | | パッチム有 | -에 |

ポイント① 「場所＋에」は「있다（ある／いる）/없다（ない／いない）」や「移動動詞」を使う場合が多いです。「移動動詞」とは以下のような動詞を指します。

| 가다 | 行く | 오다 | 来る | 다니다 | 通う，勤める | 들어가다 | 入る |
| 올라가다 | 登る | 돌아가다 | 帰る | 출근하다 | 出勤する |

ポイント② 「에」を付けない時間の表現には以下のようなものがあります。

| 어제 | 昨日 | 오늘 | 今日 | 내일 | 明日 | 모레 | 明後日 | 지금 | 今 |
| 현재 | 現在 | 매일 | 毎日 | 매년 | 毎年 | 매주 | 毎週 |

【CHECK】

日本語に合わせて（　）に合った形を入れましょう。

① 週末に両親と韓国へ旅行に行きます。　…　（　　　）부모님과（　　　）여행을 갑니다.

② 携帯電話は机の上にあります。　…　휴대 전화는（　　　）있습니다.

③ 来週には計画がありません。　…　（　　　）계획이 없습니다.

④ 私は韓国語学校に通います。　…　저는（　　　）다닙니다.

⑤ 週に3回は運動をします。　…　（　　　）3번은 운동을 합니다.

⑥ 4個で5000ウォンです。　…　（　　　）5000원입니다.

8 名詞＋도 〜も

解説 日本語と使い方が違う場合があるので注意が必要です（ポイント参照）。

接続方法 パッチム関係なく接続します。

パッチム無	-도	パッチム有	-도

ポイント 数量の強調の表現としては使わず，その場合は「-(이)나」を用います。

⋯→ 주말에 15시간이나〔✕ 15시간도〕 잠을 잤어요.

（週末に **15 時間も**寝ました。）

【CHECK】

✐ 日本語に合わせて（　　）に合った形を入れましょう。

① 私は韓国語を習います。　　　　　　⋯→ 저는 한국어를 배웁니다.
　　弟／妹**も**習います。　　　　　　　　（　　　　　　　　）배웁니다.

② **週末にも**学校に行きます。　　　　⋯→ （　　　　　　　　）학교에 갑니다.

③ 去年，韓国に **10 回も**行きました。⋯→ 작년에 한국에 （　　　　　　）갔습니다.

④ 友達からプレゼントをもらいました。⋯→ 친구에게 선물을 받았습니다.
　　先生にももらいました。　　　　　　（　　　　　　　　）받았습니다.

⑤ 私は米国で暮らしていました。　　⋯→ 저는 미국에서 살았습니다.
　　そして**韓国でも**暮らしていました。　그리고 （　　　　　　）살았습니다.

⑥ **母にも**秘密です。　　　　　　　⋯→ （　　　　　　　　）비밀이에요.

⑦ 今日，コーヒーを **10 杯も**飲みました。⋯→ 오늘 커피를 （　　　　　　）마셨어요.

---

9 名詞＋만　　　　　　　　　　　　　　　　～だけ

解説 使い方は日本語と同様です。

接続法 パッチム関係なく接続します。

| パッチム無 | -만 | | パッチム有 | -만 |

ポイント 類似表現として「-뿐이다」「-밖에」がありますが，接続に注意が必要です。「-뿐이다」は基本的に文末表現として使います。「-밖에」は必ず否定の表現(例：안，못，없다，모르다)とともに用いるので否定的なニュアンスが含まれます。

　⋯ **한국어만** 공부해요.（韓国語だけ勉強します。）

　⋯ 공부하는 것은 **한국어뿐**이에요.（勉強するのは韓国語のみです。）

　⋯ **한국어밖에** 공부 안 해요.（韓国語しか勉強しません。）

【CHECK】

✎ 日本語に合わせて（　）に合った形を入れましょう。

① 教室では**韓国語だけ**使ってください。⋯ 교실에서는 （　　　　　　） 사용하십시오.

② 昨日**彼女だけ**学校に来なかったです。⋯ 어제 （　　　　） 학교에 안 왔어요.

③ **彼氏にだけ**チョコをあげるつもりです。⋯ （　　　　　　　） 초콜릿을 줄 겁니다.

④ **両親だけ**知っています。　　　　⋯ （　　　　　） 압니다.

⑤ 知っているのは**両親のみ**です。　⋯ 아는 것은 （　　　　　）입니다.

⑥ **両親しか**わかりません。　　　　⋯ （　　　　　） 모릅니다.

10 名詞＋에서　　　～で，～から

解釈 ① 行為や動作が行われる場所＋～で

② ある事や行為が起きる場所・時間の起点＋～から

接続法 パッチム関係なく接続します。

パッチム無	-에서	パッチム有	-에서

ポイント 位置を表す表現をまとめて確認しましょう。

앞	前	뒤	後ろ	옆	横	위	上	아래	下
밑	下	왼쪽	左	오른쪽	右	안	中	밖	外
사이	間	동	東	서	西	남	南	북	北
전후	前後	좌우	左右	상하	上下				

【CHECK】

✐ 日本語に合わせて（　　）に合った形を入れましょう。

① 彼女と**イギリスで**出会いました。 … 여자 친구하고 (　　　　　) 만났습니다.

② **映画で**見ました。 … (　　　　　) 봤습니다.

③ だいたい**ネットショップで**買い物 … 보통 (　　　　　) 쇼핑을 합니다.
をします。

④ **家から**歩いて通います。 … (　　　) 걸어서 다녀요.

⑤ 夜１時から２時の間に寝ます。 … (　　　　　　　) 잠을 잡니다.

11 名詞＋**부터**

~から

解説 ① 範囲の起点＋から

② 順番の基準＋から

接続法 パッチム関係なく接続します。

パッチム無	-부터	パッチム有	-부터

ポイント 場所の起点を強調したい時は「-에서부터」を使う場合もあります。

【CHECK】

✍ 日本語に合わせて（　）に合った形を入れましょう。

① 明日から韓国語教室に通います。 … （　　　　）한국어 학원에 다닙니다.

② 学校の休みは 12月22日からです。… 방학은 （　　　　　　）입니다.

③ 試験範囲は 5課からです。 … 시험 범위는 （　　　）입니다.

④ 今日は家から歩いて学校に来ました。… 오늘은 （　　　）걸어서 학교에 왔습니다.

⑤ 次の時間は 29ページから勉強す … 다음 시간에는 （　　　）공부할 겁니다.
る予定です。

CHECK 解答 ①내일부터 ②12월 22일부터 ③5과부터 ④집에서(부터) ⑤29쪽부터

12 名詞＋**까지**   ～まで（に）

解釈 使い方は日本語と同様です。

接続法 パッチム関係なく接続します。

パッチム無	-까지		パッチム有	-까지

ポイント 「-까지」は起点の「-에서」「-부터」とペアになり範囲を表します。場所を表す時は「-에서」，時間を表す時は「-부터」を用います。

… 집에서 학교까지 걸어서 다녀요.（家から学校まで歩いて通います。）

… 방학은 12월 22일부터 2월 2일까지입니다.
（学校の休みは 12月 22日から 2月 2日までです。）

【CHECK】

✎ 日本語に合わせて（　）に合った形を入れましょう。

① 授業は**6時まで**します。 … 수업은 (　　　　) 합니다.

② 初級クラスの教室は**201号室から308号室まで**です。 … 초급반 교실은 (　　　　　　　)입니다.

③ **ここから駅まで**どうやって行きますか。 … (　　　　　　　) 어떻게 갑니까?

④ 2年前に父が亡くなりました。今年，**母まで**亡くなりました。 … 2년 전에 아버지가 돌아가셨습니다. 올해 (　　　　) 돌아가셨습니다.

⑤ **7月から8月まで**休暇のシーズンです。 … (　　　　　) 휴가철이에요.

⑥ **学校から家まで**時間がどれくらいかかりますか。 … (　　　　　) 시간이 얼마나 걸려요?

⑦ **金浦空港からソウル駅まで**バスで行きました。 … (　　　　　　　) 버스로 갔어요.

⑧ **9時から午後1時まで**韓国語の授業です。 … (　　　　　　) 한국어 수업이에요.

13 名詞＋(으)로　　　　　　　　　　～で，～に

解釈 ① 交通手段＋で＋移動動詞　② 道具，材料，手段＋で
　　　③ 変化の対象＋に　　　　④ 方向＋に ⑤ 選択＋に

接続法 名詞の最後の文字のパッチムで判断します。

| パッチム無 | -로 | パッチム有 | -으로 | パッチムㄹ | -로（ㄹ脱落しない） |

ポイント①「(으)로 가다」VS「에 가다」

　　助詞の「-(으)로」は方向を表す表現で「-에」は目的地を表す表現です。そのため「-(으)로 가다」は場所の方向に向かっているのが話のポイントであり，「-에 가다」は方向よりは目的がその場所であることを表します。

　　… 수업 후에 도서관으로/에 가요.（授業後，図書館へ行きます。）

　　… 오른쪽으로〔×에〕가세요.（右のほうへ行ってください。）

ポイント② 交通手段に関する語をまとめて確認しましょう。

자전거	自転車	오토바이	バイク	자동차	自動車	버스	バス
택시	タクシー	기차	汽車, 電車	지하철	地下鉄	전철	電車
비행기	飛行機	배	船

【CHECK】

　🖎 日本語に合わせて（　　）に合った形を入れましょう。

① 韓国へ**飛行機**で行きました。　… 한국에（　　　　　　）갔어요.

② **新幹線**で行くと速いです。　… （　　　　　　　）가면 빨라요.

③ **イチゴ**でジャムを作りました。　… （　　　　　）잼을 만들었어요.

④ 申請書は**ペン**で書いてください。… 신청서는（　　　　　）쓰세요.

⑤ **メール**で送ってください。　… （　　　　　　）보내 주세요.

⑥ **水着**に着替えました。　… （　　　　　　　　）갈아입었어요.

⑦ 東京駅で**地下鉄**に乗り換えました。… 도쿄역에서（　　　　　　）갈아탔어요.

⑧ ４番**出口**に出てください。　… 4번（　　　　）나오세요.

⑨ 私は**コーヒー**にしてください。　… 저는（　　　　）주세요.

⑩ 窓側の**席**にしてください。　… 창가（　　　　　）주세요.

⑪ **前方**にまっすぐ行くと**左**にコン… （　　　　）쪽 가면（　　　　）편의점이 있습니다.
　 ビニがあります。

CHECK 解答　①비행기로　②신칸센으로　③딸기로　④펜으로　⑤이메일로　⑥수영복으로
　　　　　　⑦지하철로　⑧출구로　⑨커피로　⑩자리로　⑪앞으로/왼쪽에

14 名詞 ＋ **마다** 　　　　　　　〜たびに，〜ごとに

解釈 ① 定期的に行うことに対しよく使われます。

② 「ひとつも残らず全部の」というの意味でも使います。

接続方法 パッチム関係なく接続します。

パッチム**無**	-마다	パッチム**有**	-마다

ポイント 「-마다」とともによく使われる表現です。まとめて確認しましょう。

매일	毎日	…	날마다	日ごとに
매주	毎週	…	주마다／일주일마다	週ごとに
매달	毎月	…	달마다	月ごとに
매년	毎年	…	해마다	年ごとに

【CHECK】

✍ 日本語に合わせて（　　）に合った形を入れましょう。

① **週末ごとに**運動をします。　　　　　… （　　　　　　） 운동을 합니다.

② **休暇のたびに**韓国へ旅行に行きます。　… （　　　　　　　） 한국에 여행을 갑니다.

③ **席ごとに**名札があります。　　　　　… （　　　　　　） 이름표가 있습니다.

④ **国ごとに**文化が違います。　　　　　… （　　　　　　） 문화가 다릅니다.

⑤ **クラスごとに**遠足は違う場所へ行きます。… （　　　　） 소풍을 다른 곳으로 가요.

①주말마다　②휴가 때마다　③자리마다　④나라마다　⑤반마다　　CHECK解答

27

15 名詞＋**보다**　　　　　　　　　　　　　～より

【解説】比較の対象になる基準を表します。

【接続法】パッチム関係なく接続します。

パッチム無	-보다	パッチム有	-보다

【ポイント】比較する表現をもっと強調したい時には副詞の「더」や「덜」を使います。「더」は日本語の「さらに」「もっと」にあたります。「덜」は「（対象の基準に至らず）下回る」という意味ですが，直訳するのが難しい表現です。

… **친구보다 더 좋아해요.** （友達より**もっと**好きです。）

… **친구보다 덜 좋아해요.**

（友達より下回って好きです▶〔好きだけど〕友達ほど好きではありません。）

【CHECK】

🖋 日本語に合わせて（　　）に合った形を入れましょう。

① **東京より**ソウルがもっと寒いです。 … （　　　　　）서울이 더 춥습니다.

② **去年より**今年のほうが忙しいです。 … （　　　　　）올해 더 바쁩니다.

③ **昔より**物価がかなり上がりました。 … （　　　　　）물가가 많이 올랐습니다.

④ 今日は**昨日より**そんなに寒くありません。 … 오늘은 （　　　　　）덜 춥습니다.

⑤ **母より**私のほうが韓国語が好きです。 … （　　　　　）제가 한국어를 더 좋아합니다.

CHECK 解答 ①도쿄보다　②작년보다　③옛날보다　④어제보다　⑤어머니보다

16 名詞＋(이)나 ~も，~や

解説 ①選択肢＋や

②数量を強調する表現：数量＋も

③数量の疑問詞：日本語訳はない

活用方法 名詞の最後の文字のパッチムで判断します。

パッチム無	-나	パッチム有	-이나

ポイント 過去を表す場合，選択の「-(이)나」は過去に1回きりの出来事には使えず，過去の習慣や行動のパターンを話す時に用います。

… 지난 주말에 뭐 했어요? (先週末，何をしましたか？)

　　―빨래나 청소를 했어요. 〔×不自然〕

　　―빨래와 청소를 했어요. 〔○〕(洗濯と掃除をしました。)

… 휴가 때 무엇을 했습니까? (休みの時に何をしましたか？)

　　―친구나 가족을 만났어요. 〔×不自然〕

　　―친구와 가족을 만났어요. 〔○〕(友人と家族に会いました。)

… 학생 때 방학에 보통 무엇을 했어요?
(学生の時，休みにだいたい何をしましたか？)

　　―방학 때는 동물원이나 미술관에 자주 갔어요. 〔○〕

　　(休みの時は動物園や美術館へよく行きました。)

【CHECK】

✒ 日本語に合わせて（　）に合った形を入れましょう。

① 週末は**掃除や洗濯**をします。 … 주말에는 (　　　　　)를 합니다.

② 休みは**旅行や美術館**に行きます。 … 휴가에는 (　　　　　)에 갑니다.

③ 昨日はコーヒーを **10 杯も**飲みました。 … 어제는 커피를 (　　　　) 마셨어요.

④ 週末は映画を**5本も**見ました。 … 주말에 영화를 (　　　　) 봤어요.

⑤ 韓国語を**どれぐらい**勉強しましたか？ … 한국어를 (　　　　) 공부했어요?
　―4年ぐらい勉強しました。 　　―4년 정도 공부했어요.

⑥ 一日に**何時間**寝ますか？ … 하루에 (　　　　) 자요?
　―私は6時間ぐらい寝ます。 　　―저는 6시간쯤 자요.

---

①청소나 빨래　②여행이나 미술관　③10잔이나　④5편이나　⑤얼마 동안이나
⑥몇 시간이나

CHECK 解答

17 名詞＋밖에　　　　　　　　～しか

解釈 使い方は日本語と同様です。

接続法 パッチム関係なく接続します。

ポイント❶ 否定的は意味を持つ「없다」「모르다」「안/-지 않다」「못/-지 못하다」などと共に用います。

| パッチム無 | -밖에 | パッチム有 | -밖에 |

ポイント❷「아니다」や命令・勧誘文には使えません。

… 교실은 여기밖에 아니에요. 〔×〕

… 고기밖에 먹지 마세요. 〔×〕 ▶고기만 먹으세요. 〔○〕
（**肉だけ**食べてください。）

… 조금밖에 기다리지 맙시다. 〔×〕 ▶조금만 기다립시다. 〔○〕
（**少しだけ**待ちましょう。）

【CHECK】

✏ 日本語に合わせて（　）に合った形を入れましょう。

① 今日**昼食しか**食べていません。　… 오늘（　　　）안 먹었어요.
② 教室に**先生しか**いません。　… 교실에（　　　）없어요.
③ 外国語は**韓国語しか**わかりません。　… 외국어는（　　　）몰라요.
④ 私のクラスに男性は**私しか**いません。… 우리 반에 남자는（　　）없어요.
⑤ 私は**3時間しか**寝ません。　… 저는（　　　）안 자요.

18 名詞＋처럼/같이

〜〜のように，〜みたいに

解釈 行動や状態が似ていることを表します。

接続方法 パッチム関係なく接続します。

パッチム無	-처럼/같이	パッチム有	-처럼/같이

ポイント 慣用句として用いる表現もあります。

천사처럼 착하다	天使のように優しい	돼지처럼 뚱뚱하다	豚のように太っている
토끼처럼 귀엽다	ウサギのようにかわいい	번개처럼 빠르다	雷のように速い
호랑이처럼 무섭다	鬼（虎）のように怖い	바다처럼 마음이 넓다	海のように心が広い

【CHECK】

✎ 日本語に合わせて（　　）に合った形を入れましょう。

① 歌手のように歌が上手に歌えます。… （　　　　　　　） 노래를 잘 불러요.

② 雪のように肌が白いです。　　　… （　　　　　） 피부가 하얘요.

③ 亀のようにゆっくり動きます。　… （　　　　　　　） 천천히 움직여요.

④ 先生みたいに韓国語が上手になり … （　　　　　　　） 한국어를 잘하고 싶어요.
たいです。

⑤ 東京もソウルみたいに混雑してい … 도쿄도 （　　　　　　） 복잡해요?
ますか？

◎ ＜보기＞のように最も当てはまるものに○を付けなさい。

＜보기＞ 한국어(와 / 만) 중국어를 공부합니다.

1. 주말에 친구(로 / 에게) 한국어를 배웁니다.

2. 저는 영화(가 / 를) 좋아합니다.

3. 방학(에서 / 마다) 해외 여행을 갑니다.

4. 선생님(에 / 의) 가방이 무엇입니까?

5. 스포츠 센터(에 / 에서) 수영을 합니다.

6. 공항에서 엔을 원(으로 / 에) 바꿉니다.

7. 친구들은 모두 신주쿠에 삽니다. 그렇지만 저(에게 / 만) 시부야에 삽니다.

8. 수요일(에서 / 까지) 시험이 있습니다.

9. 텔레비전(보다 / 마다) 책이 좋습니다.

10. 주말에 친구(를 / 에) 만납니다.

11. 주말(밖에 / 마다) 등산을 갑니다.

12. 부모님(밖에 / 하고) 같이 삽니다.

13. 선생님(보다 / 처럼) 한국어를 잘하고 싶어요.

14. 극장(부터 / 에서) 영화를 봅니다.

15. 내일(부터 / 까지) 숙제를 끝내야 합니다.

16. 가방 안(이 / 에) 사전이 있습니다.

17. 우리 반에서 선생님(밖에 / 만) 한국 사람입니다.

18. 오늘은 가을(에 / 처럼) 시원합니다.

19. 저는 한국어(마다 / 밖에) 모릅니다.

20. 서울역에서 1호선(에 / 으로) 갈아탑니다.

21. 도쿄에서 서울(까지 / 보다) 도쿄에서 부산이 더 가깝습니다.

22. 친구(에게 / 의) 선물을 샀습니다.

23. 나무(한테 / 에) 물을 줍니다.

24. 제 동생은 가수(로 / 처럼) 노래를 잘 부릅니다.

25. 시장에서 고기(와 / 만) 채소를 삽니다.

例　**와**　韓国語と中国語を勉強します。

1.　**에게**　週末に友達に／**から**韓国語を習います。

2.　**를**　私は映画**が**好きです。
　　　補足 韓国語の「좋아하다（好きだ，好む）」は助詞「을/를」を伴う他動詞。

3.　**마다**　学校の休みの**たび**に海外旅行に行きます。

4.　**의**　先生**の**鞄は何ですか。

5.　**에서**　ジム**で**水泳をします。

6.　**으로**　空港で円をウォン**に**換えます。

7.　**만**　友達はみんな新宿に住んでいます。しかし，私**だけ**渋谷に住んでいます。

8.　**까지**　水曜日**まで**試験があります。

9.　**보다**　テレビ**より**本がいいです。

10.　**를**　週末に友達に会います。
　　　補足 韓国語の「만나다（会う）」は助詞「와/과，하고」または「을/를」を伴う動詞。

11.　**마다**　週末**の度**に山登りをします。

12.　**하고**　両親**と**一緒に住んでいます。

13.　**처럼**　先生**のように**韓国語が上手になりたいです。

14.　**에서**　劇場**で**映画を見ます。

15.　**까지**　明日**までに**宿題を終えなければなりません。

16.　**에**　鞄の中**に**辞書があります。

17.　**만**　私のクラスで先生**だけ**韓国人です。

18.　**처럼**　今日は秋**のように**涼しいです。

19.　**밖에**　私は韓国語**しか**わかりません。

20.　**으로**　ソウル駅で1号線**に**乗り換えます。

21.　**보다**　東京からソウル**より**東京から釜山のほうが近いです。

22.　**의**　友達**の**プレゼントを買いました。

23.　**에**　木**に**水をやります。

24.　**처럼**　私の弟／妹は歌手**のように**歌を上手に歌います。

25.　**와**　市場で肉**と**野菜を買います。

読解のための

復習編 ②

▶ 58 の文法を
マスターしよう！

4 日目

1 名詞＋**입니다∥입니까?** | ～です∥ですか？

解説 丁寧体，フォーマルな場面でよく使われます。

接続法 パッチムの有無関係なく接続できます。名詞との間は分かち書きせずくっつけます。

| パッチム無 | -입니다/-ㅂ니다 | 疑問 | -입니까?/-ㅂ니까? | ▲ どちらも可。 |
| パッチム有 | -입니다 | | -입니까? | |

ポイント よく使われる疑問詞です。まとめて確認しましょう。

언제	いつ	어디	どこ	어느	どこの	어떤	どんな
누구	だれ	누가	だれが	무엇	なに	무슨	どんな，どの
어떻게	どうやって	왜	なぜ	얼마	いくら	몇	いくつ

━━━━━━━━━━━【CHECK】━━━━━━━━━━━

👆 赤シートで隠し，活用を確認しましょう。

名詞	現在形	疑問形
가수	가수입니다/가숩니다	가수입니까/가숩니까?
선생님	선생님입니다	선생님입니까?

👆 日本語に合わせて（　）に合った形を入れましょう。

① 私の名前はタカハシです。　… 제 이름은 다카하시(　　　).
② 今日は日曜日ですか？　… 오늘이 (　　　　　)?
③ 家はどこですか？　… 집이 (　　　　)?
④ 明日も休日ですか？　… 내일도 (　　　　)?

CHECK解答 ①입니다　②일요일입니까　③어디입니까　④휴일입니까

36

2　名詞＋**가/이 아닙니다∥아닙니까?**　～ではありません∥ではありませんか？

解説 名詞の否定の表現です。丁寧体，フォーマルな場面でよく使われます。

活用法 パッチムの有無によって助詞が変化します。

| パッチム無 | -가 아닙니다 | 疑問 | -가 아닙니까? | ▲ 助詞編「-**가/이**」参照。 |
| パッチム有 | -이 아닙니다 | | -이 아닙니까? | |

【CHECK】

🖎 赤シートで隠し，活用を確認しましょう。

名詞	現在形	疑問形
가수	가수가 아닙니다	가수가 아닙니까?
선생님	선생님이 아닙니다	선생님이 아닙니까?

🖎 日本語に合わせて（　）に合った形を入れましょう。

① 誰が具合が悪いのですか？　ミンスさ … （　）아픕니까? 민수 씨(　)?
んですか？
—いいえ。私ではありません。 —아니요. (　).

② 私は韓国人ではありません。日本人です。… 저는 (　).
(　).

③ 韓国も明日が休日ですか？ … 한국도 내일이 (　)?
—いいえ。韓国は休日ではありません。 —아니요. 한국은 (　).

①누가/입니까/제가 아닙니다　②한국 사람이 아닙니다/일본 사람입니다
③휴일입니까/휴일이 아닙니다

CHECK解答

37

3 動詞・形容詞＋(스)ㅂ니다/(스)ㅂ니까? | ～ます，です//～ますか？，～ですか？

解説 丁寧体，フォーマルな場面でよく使われます。

接続法 動詞・形容詞（原形）の最後の「다」を取り，後ろに付けます。

パッチム無	-ㅂ니다		-ㅂ니까？
パッチム有	-습니다	疑問	-습니까？
パッチムㄹ	ㄹを脱落させて -ㅂ니다		ㄹを脱落させて -ㅂ니까？

【CHECK】

赤シートで隠し，活用を確認しましょう。

動詞・形容詞	現在形	疑問形
가다	갑니다	갑니까?
크다	큽니다	큽니까?
먹다	먹습니다	먹습니까?
작다	작습니다	작습니까?
읽다	읽습니다	읽습니까?
만들다	만듭니다	만듭니까?
길다	깁니다	깁니까?
가깝다	가깝습니다	가깝습니까?

日本語に合わせて（　）に合った形を入れましょう。

① 週末は普段映画を**見ます**。　　　　… 주말에는 보통 영화를 （　　　）.
② どこに**行きますか**？　　　　　　　… 어디에 （　　　）?
③ 髪が本当に**長いです**。　　　　　　… 머리가 정말 （　　　）.
④ 私は韓国料理をしょっちゅう**作ります**。… 저는 한국 요리를 자주 （　　　）.
⑤ 友達と一緒にご飯を**食べます**。　　… 친구하고 같이 밥을 （　　　）.

CHECK 解答 ①봅니다 ②갑니까 ③깁니다 ④만듭니다 ⑤먹습니다

4 **名詞＋예요/이에요∥가/이 아니에요** | ~です∥~ではありません

🈂️ 丁寧体，カジュアルな場面でよく使われます。

🈁 名詞のパッチムの有無により形が変化します。疑問文も平叙文と同形です。

パッチム無	-예요	-예요?	-가 아니에요
パッチム有	-이에요	-이에요?	-이 아니에요

（疑問）（否定）

【CHECK】

✏️ 赤シートで隠し，活用を確認しましょう。

名詞	現在形	疑問形	否定形
가수	가수예요	가수예요?	가수가 아니에요
선생님	선생님이에요	선생님이에요?	선생님이 아니에요

✏️ 日本語に合わせて（　　）に合った形を入れましょう。

① 明日から**休暇です**。 … 내일부터 （　　　　）.

② 私の彼氏は**会社員です**。 … 제 남자 친구는 （　　　　）.

③ 先生の**本ではありません**。 … 선생님의 （　　　　）.

④ これミンスさんの**ノートではありませんか**。… 이거, 민수 씨 （　　　　）?
　—いいえ。エリカさんの**ものです**。 　—아니요. 에리카 씨의 （　　　　）.

---

① 휴가예요　② 회사원이에요　③ 책이 아니에요　④ 공책이 아니에요/것이에요　◀CHECK 解答

5 動詞・形容詞＋**아/어요** ： ～ます，～です

解釈 丁寧体，カジュアルな場面でよく使われます。

接続法 動詞・形容詞（原形）の最後の「**다**」を取り，母音で判断します。パッチムの有無や
種類，母音によっていろいろ変化します。

母音が **ㅏ**と**ㅗ**	-아요	疑問	-아요?
ㅏと**ㅗ**ではない	-어요		-어요?
하다が付く	-해요		-해요?

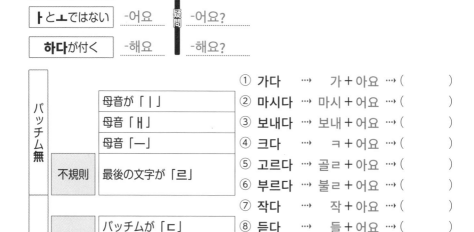

パッチム無		母音が「ㅣ」	① 가다	… 가＋아요 …（ ）
		母音「ㅐ」	② 마시다	… 마시＋어요 …（ ）
		母音「ㅡ」	③ 보내다	… 보내＋어요 …（ ）
			④ 크다	… ㅋ＋어요 …（ ）
	不規則	最後の文字が「르」	⑤ 고르다	… 골ㄹ＋아요 …（ ）
			⑥ 부르다	… 불ㄹ＋어요 …（ ）
パッチム有			⑦ 작다	… 작＋아요 …（ ）
		パッチムが「ㄷ」	⑧ 듣다	… 들＋어요 …（ ）
	不規則	パッチムが「ㅂ」	⑨ 돕다	… 도오＋아요 …（ ）
			⑩ 줍다	… 주우＋어요 …（ ）
		パッチムが「ㅎ」	⑪ 그렇다	… 그러＋어요 …（ ）
		パッチムが「ㅅ」	⑫ 좋다	… 좋＋아요 …（ ）
			⑬ 낫다	… 나＋아요 …（ ）

▲ さらに詳しい説明については文法編最後の「動詞・形容詞の活用まとめ」を参照。

【CHECK】

✍ 日本語に合わせて（ ）に合った形を入れましょう。

⑭ 今日, 宿題がとても**多い**です。 … 오늘 숙제가 너무 （ ）.

⑮ 私はお酒を毎日**飲み**ます。 … 저는 술을 매일 （ ）.

⑯ 中国語も**勉強**します。 … 중국어도 （ ）.

⑰ 地下鉄が**速い**です。 … 지하철이 （ ）.

⑱ 両親に週１回メールを**送り**ます。 … 부모님에게 일주일에 한 번 이메일을 （ ）.

CHECK 解答 ①가요 ②마셔요 ③보내요 ④커요 ⑤골라요 ⑥불러요 ⑦작아요 ⑧들어요
⑨도와요 ⑩주워요 ⑪그래요 ⑫좋아요 ⑬나아요 ⑭많아요 ⑮마셔요 ⑯공부해요
⑰빨라요 ⑱보내요

達成率
28 %

👉 次の形容詞・動詞の「아/어요/해요」の活用を入れて表を完成させましょう。

①	가다		㉖	먹다	
②	만나다		㉗	읽다	
③	하다		㉘	앉다	
④	연락하다		㉙	있다	
⑤	좋아하다		㉚	없다	
⑥	오다		㉛	맛있다	
⑦	보다		㉜	많다	
⑧	주다		㉝	작다	
⑨	배우다		㉞	짧다	
⑩	마시다		㉟	가르치다	
⑪	길다		㊱	빌리다	
⑫	낫다		㊲	살다	
⑬	예쁘다		㊳	만들다	
⑭	바쁘다		㊴	불다	
⑮	크다		㊵	돕다	
⑯	쓰다		㊶	줍다	
⑰	쉬다		㊷	뛰다	
⑱	춥다		㊸	되다	
⑲	보내다		㊹	씻다	
⑳	입다		㊺	받다	
㉑	자르다		㊻	닫다	
㉒	듣다		㊼	고르다	
㉓	묻다		㊽	빠르다	
㉔	걷다		㊾	부르다	
㉕	좋다		㊿	빨갛다	

CHECK 解答

① 가요　② 만나요　③ 해요　④ 연락해요　⑤ 좋아해요　⑥ 와요　⑦ 봐요
⑧ 줘요　⑨ 배워요　⑩ 마셔요　⑪ 길어요　⑫ 나아요　⑬ 예뻐요　⑭ 바빠요
⑮ 커요　⑯ 써요　⑰ 쉬어요　⑱ 추워요　⑲ 보내요　⑳ 입어요　㉑ 잘라요
㉒ 들어요　㉓ 물어요　㉔ 걸어요　㉕ 좋아요　㉖ 먹어요　㉗ 읽어요　㉘ 앉아요
㉙ 있어요　㉚ 없어요　㉛ 맛있어요　㉜ 많아요　㉝ 작아요　㉞ 짧아요　㉟ 가르쳐요
㊱ 빌려요　㊲ 살아요　㊳ 만들어요　㊴ 불어요　㊵ 도와요　㊶ 주워요　㊷ 뛰어요
㊸ 되어요/돼요　㊹ 씻어요　㊺ 받아요　㊻ 닫아요　㊼ 골라요　㊽ 빨라요
㊾ 불러요　㊿ 빨개요

41

5 日目

6 名詞＋이었/였다　動詞・形容詞＋았/었다　〜だった

解説 丁寧体，カジュアルな場面でよく使われます。

接続法 動詞・形容詞（原形）の最後の「다」を取り，パッチムの有無や種類，母音により変化します。（-았/었습니다.-이었/였습니다 はフォーマルな場面でよく使われます）。

名詞	パッチム無	-였다	否定 -가 아니었다	丁寧 -였어요/-였습니다
	パッチム有	-이었다	-이 아니었다	-이었어요/-이었습니다
動詞・形容詞	母音が ㅏとㅗ	-았다		-았어요/-았습니다
	ㅏとㅗではない	-었다		-었어요/-었습니다
	하다が付く	-했다		-했어요/-했습니다

【CHECK】

赤シートで隠し，活用を確認しましょう。

名詞	過去形	否定文
가수	가수였어요/였습니다	가수가 아니었어요/아니었습니다
선생님	선생님이었어요/이었습니다	선생님이 아니었어요/아니었습니다

動詞	過去形	形容詞	過去形
가다	갔어요/갔습니다	크다	컸어요/컸습니다
먹다	먹었어요/먹었습니다	작다	작았어요/작았습니다

日本語に合わせて（　）に合った形を入れましょう。

① 去年，韓国へ**来ました**。　…→ 작년에 한국에 (　　요).
② 先週は**忙しかった**です。　…→ 지난주에는 (　　　다).
③ 昨日，髪を**切りました**。　…→ 어제 머리를 (　　요).
④ 友達が引越しを**しました**。　…→ 친구가 이사를 (　　다).
⑤ 小学生の時，私の夢は警察官**でした**。…→ 초등학생 때 제 꿈은 경찰관(　　요).
⑥ 私は休日**ではありませんでした**。　…→ 저는 휴일(　　　다).

CHECK解答　①왔어요　②바빴습니다　③잘랐어요　④했습니다　⑤이었어요　⑥이 아니었습니다

42

7 動詞 ＋(으)ㄹ 거다 　　　　〜の予定だ，〜するつもりだ

解説 未来の表現です。

接続法 動詞（原形）の最後の「다」を取り，パッチムの有無によって変化します。

パッチム無	-ㄹ 거다	-ㄹ 거예요/-ㄹ 겁니다
パッチム有	-을 거다	-을 거예요/-을 겁니다

略

【CHECK】

赤シートで隠し，活用を確認しましょう。

動詞	未来形	疑問形
가다	갈 거예요/겁니다	갈 거예요?/겁니까?
먹다	먹을 거예요/겁니다	먹을 거예요?/겁니까?
만들다	만들 거예요/겁니다	만들 거예요?/겁니까?
듣다	들을 거예요/겁니다	들을 거예요?/겁니까?
돕다	도울 거예요/겁니다	도울 거예요?/겁니까?
짓다	지을 거예요/겁니다	지을 거예요?/겁니까?

日本語に合わせて（　　）に合った形を入れましょう。

① 来年，韓国へ**留学に行く予定**ですか？　… 내년에 한국에 (　　　　　요)?

② 今夜はハンバーグを**作るつもり**です。　… 오늘 저녁에는 햄버그스테이크를 (　　　　다).

③ 休みに本をたくさん**読むつもり**です。　… 휴가에 책을 많이 (　　　요).

④ これからも一生懸命**勉強するつもり**です。… 앞으로도 열심히 (　　　다).

⑤ 今度の夏休みに故郷に**帰るつもり**ですか？… 이번 여름 방학에 고향에 (　　　까)?

8 名詞＋(이)ㄹ 거다　　動詞・形容詞＋(으)ㄹ 거다　｜～ようだ，～みたいだ，～と思う｜

🈠 幅広く使える推測の表現です。

🈂 動詞・形容詞（原形）の最後の「다」を取り，パッチムの有無によって変化します。
「아마 (おそらく，たぶん)」とともに使うことも多いです。

名詞	パッチム無	-일 거다	否定	-가 아닐 거다	丁寧	-일 거예요/겁니다
	パッチム有	-일 거다		-이 아닐 거다		-일 거예요/겁니다
動詞・形容詞	パッチム無	-ㄹ 거다				-ㄹ 거예요/겁니다
	パッチム有	-을 거다				-을 거예요/겁니다

【CHECK】

🐰 赤シートで隠し，活用を確認しましょう。

名詞	現在形	過去形	現在形・否定	過去形・否定
가수	가수일 거예요	가수였을 거예요	가수가 아닐 거예요	가수가 아니었을 거예요
학생	학생일 거예요	학생이었을 거예요	학생이 아닐 거예요	학생이 아니었을 거예요

動詞	現在形	過去形
가다	갈 거예요	갔을 거예요
먹다	먹을 거예요	먹었을 거예요

形容詞	現在形	過去形
크다	클 거예요	컸을 거예요
작다	작을 거예요	작았을 거예요

🐰 日本語に合わせて（　）に合った形を入れましょう。

① 今，韓国はとても**寒い**ようです。　… 지금 한국은 정말 (　　　　다).

② あの人は韓国人**みたい**です。　… 저 사람은 한국 사람(　　　요).

③ この服は**大きい**ようです。　… 이 옷은 (　　　다).

④ たぶんランチを**食べた**ようです。　… (　　) 점심을 (　　　요).

⑤ たぶん遊園地に人が**多かった**よう
です。　… (　　) 놀이공원에 사람이 (　　　다).

CHECK 解答　①추울 겁니다　②일 거예요　③클 겁니다　④아마/먹었을 거예요
⑤아마/많았을 겁니다

44

9 안ᵛ＋動詞・形容詞 ／ 動詞・形容詞＋지 않다　〜しない，〜ではない，〜くない

解説 否定の表現です。

接続法 「안」は否定する単語の直前に付けます。「안」の後は必ず分かち書きしましょう。時制は否定する単語を活用します。「-지 않다」は動詞・形容詞（原形）の最後の「다」を取り，後ろに付けるだけです。時制は「않다」の部分を活用します。

ポイント① 「名詞＋하다」の表現を否定形にする際，「안」は「名詞＋안＋하다」の順になります。

…→ 공부 안 하다 (勉強しない) 〔✕안 공부하다〕

…→ 결혼 안 하다 (結婚しない) 〔✕안 결혼하다〕

ポイント② 命令文や勧誘文には使えません。その場合，「-지 말다（「**14** 動詞+지 마십시오」参照）」を用います。

【CHECK】

▱ 赤シートで隠し，活用を確認しましょう。

動詞	時制	안 ＋動詞	動詞＋지 않다
가다	過去	안 갔습니다/갔어요	가지 않았습니다/않았어요
	現在	안 갑니다/가요	가지 않습니다/않아요
	未来	안 갈 겁니다/거예요	가지 않을 겁니다/거예요
먹다	過去	안 먹었습니다/먹었어요	먹지 않았습니다/않았어요
	現在	안 먹습니다/먹어요	먹지 않습니다/않아요
	未来	안 먹을 겁니다/거예요	먹지 않을 겁니다/거예요

▱ 日本語に合わせて（　）に合った形を 2 パターン入れましょう。

① 私は**運動をしません**。　　…→ 저는 (　　　요/　　　요).

② 先生は**結婚していません**。　…→ 선생님은 (　　　요/　　　요).

③ 昨日は**忙しくありませんでした**。…→ 어제는 (　　　다/　　　다).

④ 明日は雪が**降らないでしょう**。…→ 내일은 눈이 (　　　다/　　　다).

▱ 正しい形はどちらでしょう。

⑤ 学校に**行かないでください**。　…→ 학교에 (안 가십시오 / 가지 마십시오).

⑥ 部屋が**きれいではありません**。…→ 방이 (안 깨끗해요 / 깨끗 안 해요).

⑦ お酒を**飲むのはやめましょう**。…→ 술을 (마시지 않읍시다 / 마시지 맙시다).

⑧ あまり**好きではありません**。　…→ 별로 (안 좋아해요 / 좋아 안 해요).

①운동을 안 해요/운동을 하지 않아요　②결혼 안 했어요/결혼하지 않았어요
③안 바빴습니다/바쁘지 않았습니다　④안 올 겁니다/오지 않을 겁니다
⑤가지 마십시오　⑥안 깨끗해요　⑦마시지 맙시다　⑧안 좋아해요

◀CHECK 解答

10 動詞＋고 싶다　　　　　　　～したい

解説 願望・希望の表現です。

接続法 動詞（原形）の最後の「다」を取り，パッチムの有無で判断します。時制は「싶다」の部分を活用します。「-고 싶다」は形容詞の扱いをします。

ポイント❶ 第三者の希望や気分を話す時には「-고 싶어 하다 (～したがる)」を使います。

⋯→ 동생은 옷을 받고 싶어 했어요. (弟／妹は服をもらいたがりました。)

ポイント❷ 「-고 싶다」は形容詞として活用するので，連体形の場合は「-(으)ㄴ (「**20**関形型」参照)」を用います。

⋯→ 먹고 싶은 요리 (食べたい料理)

【CHECK】

🖋 赤シートで隠し，活用を確認しましょう。

動詞	過去形	現在形	連体形
가다	가고 싶었습니다/싶었어요	가고 싶습니다/싶어요	가고 싶은
먹다	먹고 싶었습니다/싶었어요	먹고 싶습니다/싶어요	먹고 싶은

🖋 日本語に合わせて （　　）に合った形を入れましょう。

① 両親に**会いたいです**。　　⋯→ 부모님이 (　　　　　다).

② 私は韓国で**暮らし**たいです。⋯→ 저는 한국에서 (　　　　요).

③ 私は小学生の頃，消防士に⋯→ 저는 초등학생 때 소방관이 (　　　　다).
　 なりたかったです。

④ 私は映画が**見たかった**です。⋯→ 저는 영화를 (　　　　요).

⑤ 今度の休みには韓国へ旅行⋯→ 다음 휴가에는 한국에 여행을 (　　　요).
　 に**行きたいです**。

🖋 正しい形はどちらでしょう。

⑥ 弟／妹は医者に**なりた**⋯→ 동생은 의사가 (되고 싶어요 / 되고 싶어 해요).
　 いそうです。

⑦ 私は誕生日に服を**もら**⋯→ 생일에 저는 옷을 (받고 싶었어요 / 받고 싶어 했어요).
　 いたかったです。

⑧ 韓国に**会いたい**人がいます。⋯→ 한국에 (만나고 싶을 / 만나고 싶은) 사람이 있어요.

CHECK 解答 ①보고 싶습니다　②살고 싶어요　③되고 싶었습니다　④보고 싶었어요
⑤가고 싶어요　⑥되고 싶어 해요　⑦받고 싶었어요　⑧만나고 싶은

11 動詞 ＋고 있다

~ている，~てある

解説 動作の進行の表現です。

接続法 動詞（原形）の最後の「다」を取り，「고」を付けます。時制は「있다」を活用します。（「계시다」に変えると敬語になります。）

ポイント① 「着脱動詞」は人を描写する時「-았/었-《過去形》」か「-고 있다《進行形》」を用います。

옷을 입다	服を着る	안경을 쓰다/끼다	メガネをかける
장갑을 끼다	手袋をする	옷을 벗다	服を脱ぐ
모자를 쓰다	帽子を被る	마스크를 하다	マスクをする
신발/양말을 신다	靴／靴下を履く	목도리를 하다/두르다	マフラーを巻く

ポイント② 「-고 있었다」とする場合，過去のある一瞬の状況を説明する時に使います。

【CHECK】

赤シートで隠し，活用を確認しましょう。

動詞	時制	現在形	敬語
쓰다	過去	쓰고 있었습니다/있었어요	쓰고 계셨습니다/계셨어요
	現在	쓰고 있습니다/있어요	쓰고 계십니다/계세요
찾다	過去	찾고 있었습니다/있었어요	찾고 계셨습니다/계셨어요
	現在	찾고 있습니다/있어요	찾고 계십니다/계세요

日本語に合わせて（　）に合った形を入れましょう。

① 地震の時，私は**仕事をしていました**。… 지진 때 저는 (　　　　　　　　다).

② 彼氏は**眼鏡をかけています**。 … 남자 친구는 (　　　　　　　다).

③ 今，**ご飯を食べています**。 … 지금 (　　　　　　요).

④ 母は**韓国語を習っていらっしゃいます**。… 어머니께서는 (　　　　　　　다).

⑤ 私は**赤いＴシャツを着ています**。 … 저는 (　　　　　　요).

正しい形はどちらでしょう。

⑥ 中学生の時テニスを**習っていました**。… 중학생 때 테니스를
（배우고 있었어요 / 배웠어요).

⑦ 昨夜，電話がかかってきたときはお風 … 어젯밤 전화가 왔을 때는 목욕을
呂に**入っていました**。 （하고 있었어요 / 했어요).

---

①일을 하고 있었습니다　　②안경을 쓰고 있습니다　　③밥을 먹고 있어요
④한국어를 배우고 계십니다　⑤빨간색 티셔츠를 입고 있어요　⑥배웠어요
⑦하고 있었어요

> CHECK 解答

6日目

12 動詞 ＋(으)ㄹ 수 있다∥없다　　　　~することができる∥~できない

解説 可能の表現です。

接続法 動詞（原形）の最後の「다」を取り，パッチムの有無で判断します。時制は後ろの
「있다/없다」を活用します。

パッチム無	-ㄹ 수 있다	-ㄹ 수 없다	⚠《類似表現》못 ＋動詞
			動詞＋지 못하다
パッチム有	-을 수 있다	-을 수 없다	

ポイント 下記のように「-가/이」ではなく，「-를/을」を用いる動詞には注意が必要です。
　⋯ 저는 한국 요리를 만들 수 없어요. （韓国料理を作ることができません。）
　　　　　　　　　　　⚠ 「韓国料理が作れません」と訳して考えると間違えやすい。

【CHECK】

✎ 赤シートで隠し，活用を確認しましょう。

動詞	時制	肯定形	否定形
가다	過去	갈 수 있었습니다/있었어요	갈 수 없었습니다/없었어요
	現在	갈 수 있습니다/있어요	갈 수 없습니다/없어요
먹다	過去	먹을 수 있었습니다/있었어요	먹을 수 없었습니다/없었어요
	現在	먹을 수 있습니다/있어요	먹을 수 없습니다/없어요
만들다	過去	만들 수 있었습니다/있었어요	만들 수 없었습니다/없었어요
	現在	만들 수 있습니다/있어요	만들 수 없습니다/없어요
듣다	過去	들을 수 있었습니다/있었어요	들을 수 없었습니다/없었어요
	現在	들을 수 있습니다/있어요	들을 수 없습니다/없어요
돕다	過去	도울 수 있었습니다/있었어요	도울 수 없었습니다/없었어요
	現在	도울 수 있습니다/있어요	도울 수 없습니다/없어요

✎ 日本語に合わせて（　　）に適当な語を入れましょう。

① 私は韓国語と中国語ができます。　⋯ 저는 （　　　　　　　　　　　　　다）.

② 彼は韓国料理が作れます。　⋯ 그는 （　　　　　　　　　　　요）.

③ 週末，登山に行けませんでした。　⋯ 주말에 （　　　　　　　　다）.

④ 私は自転車に乗れません。　⋯ 저는 （　　　　　　　요）.

⑤ 父はお酒が飲めません。　⋯ 아버지께서는 （　　　　　　　다）.

CHECK解答 ①한국어와 중국어를 할 수 있습니다　②한국 요리를 만들 수 있어요
③등산을 갈 수 없었습니다　④자전거를 탈 수 없어요　⑤술을 드실 수 없습니다

48

13 못ⱽ＋動詞　動詞＋지 못하다　~られない, ~することができない

[解釈] 可能の否定表現です。フォーマルな場面では「-지 못하다」, カジュアルな場面では「못」をよく使います。また,「못」は会話でよく使われます。

[接続法] 「못」は否定する語の直前に付け, 後ろは分かち書きします。時制は否定する語を活用します。「-지 못하다」は動詞（原形）の最後の「다」を取り,「-지 못하다」を付けます。時制は「못하다」の部分を活用します。

[ポイント❶] 「못」は「名詞＋하다」を否定形にする場合,「名詞＋못＋하다」の形になります。

⋯ **공부하다**「勉強する」▶공부 못 하다／**결혼하다**「結婚する」▶결혼 못 하다

[ポイント❷] 「안」vs「못」…意味を理解してきちんと使い分けましょう。

안 ⋯	動詞や形容詞に使う。条件に関係なく事実を述べる。	**숙제를 안 했습니다** （宿題をしませんでした）
못 ⋯	形容詞には使えない。何かをする能力のない場合や不可能であることを述べる。	**숙제를 못 했습니다** （宿題をできませんでした）

▲ 「안」は単純な事実を述べる一方, したくない気持ちも込められている。「못」は宿題をしようとしたものの, 何らかの理由で終わらなかったと述べている。

【CHECK】

✍ 赤シートで隠し, 活用を確認しましょう。

動詞	時制	못 ＋動詞	動詞＋지 못하다
가다	過去	못 갔습니다/갔어요	가지 못했습니다/못했어요
	現在	못 갑니다/가요	가지 못합니다/못해요
먹다	過去	못 먹었습니다/먹었어요	먹지 못했습니다/못했어요
	現在	못 먹습니다/먹어요	먹지 못합니다/못해요

✍ 日本語に合わせて（　）合った形を２パターン入れましょう。

① 荷物を**持ってこられませ** ⋯ 짐을 （　　　　　다/　　　　　다）.
んでした。

② 私は韓国語が**上手ではあ** ⋯ 저는 한국어를 （　　　요/　　　　요）.
りません。

③ 彼女に**連絡ができませんで** ⋯ 그녀에게 연락을 （　　　다/　　　　다）.
した。

④ CDが**聞けませんでした。** ⋯ CD를 （　　　요/　　　　요）.

⑤ 集まりに**参加できません。** ⋯ 모임에 （　　　다/　　　　다）.

①못 가져왔습니다/가져오지 못했습니다　②잘 못 해요/잘하지 못해요　　　▶CHECK 解答
③못 했습니다/하지 못했습니다　　　　　④못 들었어요/듣지 못했어요
⑤참가 못 합니다/참가하지 못합니다

14 動詞＋(으)십시오 // 動詞＋지 마십시오

> ～しなさい，してください //
> ～やめなさい，しないでください

解説 命令表現です。フォーマルな場面では「-(으)십시오，-지 마십시오」を，カジュアルな場面では「-(으)세요，-지 마세요」がよく使われます。

接続法 「-(으)십시오/-(으)세요」は動詞（原形）の最後の「다」を取り，最後の文字のパッチムの有無で判断します。「-지 마십시오/마세요」は「다」を取り，後ろに付けるだけです。

ポイント① 命令の理由を話すには「그러니까」や「-(으)니까」を使います。

　… 방이 더워요. 그러니까 에어컨을 켜세요.
　　（部屋が暑いです。だからクーラーを付けてください。）

ポイント② 「-지 마십시오」を文中で用いる場合，「-지 말고」の形になります。

　… 벌써 11시예요. 지금 연락하지 말고 내일 아침에 연락하십시오.
　　（もう11時です。今連絡せず，明朝連絡してください。）

ポイント③ 「하다」の付く形容詞では，「-(으)세요」を付けて慣用的に使う場合があります。

　… 건강하세요. （お元気で。／お大事に。）
　… 행복하세요. （お幸せに。）

【CHECK】

📛 赤シートで隠し，活用を確認しましょう。

動詞	現在形	否定形	動詞	現在形	否定形
쓰다	쓰십시오	쓰지 마십시오	**듣다**	들으십시오	듣지 마십시오
찾다	찾으십시오	찾지 마십시오	**돕다**	도우십시오	돕지 마십시오
열다	여십시오	열지 마십시오	**짓다**	지으십시오	짓지 마십시오

📛 日本語に合わせて（　　）に適当な語を入れましょう。

① 図書館では**静か**にしてください。　　… 도서관에서는 (　　　　　시오).

② 窓を**閉めない**でください。　　　　　… 창문을 (　　　세요).

③ たくさん**勉強**してください。　　　　… (　　) 많이 (　　시오).

④ 申請書は明日までに**提出**してください。… 신청서는 내일까지 (　　　시오).

⑤ 授業の時間に**居眠り**しないでください。… 수업 시간에 (　　　요).

⑥ 先生の話をよく**聞いて**ください。　　… 선생님의 이야기를 잘 (　　시오).

CHECK 解答 ①조용히 하십시오　②닫지 마세요　③공부/하십시오　④제출하십시오
⑤졸지 마세요　⑥들으십시오

15 動詞・形容詞＋-겠-

① ～つもりだ《意志・意図》　②～そうだ《未来》
③～ようだ《推測》　④～します《謙譲語》

解説 ① 自分の意志や意図を強く表します。

② 近い未来に起こるという情報を与え，主に案内放送や天気予報によく使われます。

③ 状況や状態を見聞きして推測します。

④ 謙譲語の表現で，主に挨拶の言葉としてよく使われます。

接続法 動詞・形容詞（原形）の最後の「다」を取り，「-겠-」を付けます。

| パッチム無 | -겠습니다 / -겠어요 | パッチム有 | -겠습니다 / -겠어요 |

ポイント① 《意志・意図》は動詞のみに使えます。主語は1人称か2人称のみで，3人称だと意味が変わります。強い言い方なので，決心したことを他人に宣言したり決意を書いたりする時に使われます。また，会話では申し出の時によく使われます。

ポイント② 《未来》は「近い未来」なので，週末の予定やこれからの計画を話す時には用いません。

ポイント③ 《推測》は主に相手の話に反応する際に使うので，文脈がないと不自然になります。形容詞や過去形で使えるのは《推測》のみです。

【CHECK】

赤シートで隠し，活用を確認しましょう。

動詞	過去形	現在形	動詞	過去形	現在形
가다	갔겠습니다	가겠습니다	돕다	도왔겠습니다	돕겠습니다
먹다	먹었겠습니다	먹겠습니다	짓다	지었겠습니다	짓겠습니다
만들다	만들었겠습니다	만들겠습니다	그렇다	그랬겠습니다	그렇겠습니다
듣다	들었겠습니다	듣겠습니다			

日本語に合わせて（　　）に適当な語を入れましょう。

① 今日から**タバコをやめます**。　⋯　오늘부터 (　　　　　요).

② 明日は全国に**雨が降る**でしょう。　⋯　내일은 전국에 (　　　　　다).

③ 料理が本当に**おいしそう**です。　⋯　요리가 정말 (　　　요).

④ **いただきます**。　⋯　(　　　　　다).

⑤ **初めまして**。　⋯　(　　　　　다).

⑥ **どうぞよろしくお願いいたします**。　⋯　(　　　　　다).

①담배를 끊겠어요　②비가 오겠습니다　③맛있겠어요　④잘 먹겠습니다
⑤처음 뵙겠습니다　⑥잘 부탁드리겠습니다

CHECK 解答

6日目

16 動詞＋(으)ㄹ까요?　　　①～しませんか《勧誘》　②～しましょうか《提案》

解釈 ① 勧誘の表現です。

② 相手に意見を提案したり，相手の意見を尋ねたりする表現です。

接続法 動詞（原形）の最後の「다」を取り，最後の文字のパッチムの有無で判断します。返答は「-(으)ㅂ시다」「-아/어요」をよく用います。否定形は「-지 말다（～するのをやめる）」を付け，「-지 말까요（～するのをやめましょうか）」となります。

| パッチム無 | -ㄹ까요? | | パッチム有 | -을까요? | ▲《類似表現》-(으)ㄹ래요? |

ポイント1 主語は1人称もしくは2人称を用います。3人称になると推測の表現になります。

… 선생님이 도와줄까요?（先生が**手伝ってくれる**のでしょうか？）

ポイント2 提案や誘いの理由を話す時は「그러니까」や「-(으)니까」を共に用います。

… 배가 고파요. 그러니까 점심 먹으러 갈까요?
（お腹が空きました。**だから**，ランチ食べに行きましょうか？）

【CHECK】

赤シートで隠し，活用を確認しましょう。

動詞	現在形	否定形	動詞	現在形	否定形
가다	갈까요	가지 말까요	걷다	걸을까요	걷지 말까요
먹다	먹을까요	먹지 말까요	줍다	주울까요	줍지 말까요
만들다	만들까요	만들지 말까요	짓다	지을까요	짓지 말까요

日本語に合わせて（　）に適当な語を入れましょう。

① 週末，公園へ行きましょうか？ … 주말에 공원에 （　　　）?

② お客様，何になさいますか？ … 손님 뭘 （　　　）?

③ 暑いです。だから窓を開けましょうか？ … 더워요. （　　　） 창문을 （　　　）?

④ 私が先生に話しましょうか？ … 제가 선생님에게 （　　　）?

⑤ パーティの時，チヂミを作りましょうか？ … 파티 때 부침개를 （　　　）?

⑥ 雨が降っています。だから今日外出するのはやめましょうか？ … 비가 와요. （　　　） 오늘 （　　　）?

⑦ 仕事が忙しいから来週，会食をしましょうか？ … （　　　） 다음 주에 （　　　）?

CHECK解答 ①갈까요 ②드릴까요 ③그러니까/열까요 ④이야기할까요 ⑤만들까요
⑥그러니까/외출하지 말까요 ⑦일이 바쁘니까/회식을 할까요

17 名詞＋(일)까요? 動詞・形容詞＋(으)ㄹ까요?　～でしょうか《推測》

解説 推測の表現で，話し手の疑問や疑念を質問する時に用います。

接続法 動詞・形容詞（原形）の最後の「다」を取り，最後の文字のパッチムの有無で判断します。

パッチム無	-ㄹ까요		パッチム有	-을까요

【CHECK】

✍ 赤シートで隠し，活用を確認しましょう。

名詞	過去形	現在形	過去形・否定	現在形・否定
가수	가수였을까요	가수일/가술까요	가수가 아니었을까요	가수가 아닐까요
선생님	선생님이었을까요	선생님일까요	선생님이 아니었을까요	선생님이 아닐까요

動詞	過去形	現在形
가다	갔을까요	갈까요
먹다	먹었을까요	먹을까요
만들다	만들었을까요	만들까요
걷다	걸었을까요	걸을까요

動詞	過去形	現在形
줍다	주웠을까요	주울까요
짓다	지었을까요	지을까요
形容詞	過去形	現在形
빨갛다	빨갰을까요	빨갈까요

✍ 日本語に合わせて（　）に適当な語を入れましょう。

① サッカーの試合で日本が**勝つでしょ**うか？ … 축구 경기에서 일본이 (　　　　　)?

② あの人は韓国語の本を読んでいます。… 저 사람이 한국어 책을 읽고 있어요.
韓国人でしょうか？　(　　　　　　　)?

③ もう4時です。会議は**終わった**でしょうか？ … 벌써 4시예요. 회의가 (　　　　)?

④ 母は空港に**到着された**でしょうか？ … 어머니께서 공항에 (　　　　)?

⑤ 明日も今日のように**寒いでしょうか？** … 내일도 오늘처럼 (　　　　)?

18 動詞＋(으)ㄹ래요∥(으)ㄹ래요?　　｜①～しますか∥②～します｜

解説 ① 相手の意見や意志を尋ねる表現します。

② 話し手の意見や意向を表します。

主に会話体で用いられます。親しい関係や目下の人に対し，カジュアルな場面でよく使います。

活用法 動詞（原形）の最後の「다」を取り，最後の文字のパッチムの有無で判断します。否定形は「안/-지 않다」を用います。

| パッチム無 | -ㄹ래요 | パッチム有 | -을래요 | ▲《類似表現》-(으)ㄹ까요 |

ポイント① 動詞のみに付き，「하다」の付く一部の形容詞には「-해질래요」を用います。

⋯ 건강해질래요. (元気になります。) / 행복해질래요. (幸せになります。)

ポイント② 主語は平叙文だと１人称のみ，疑問文は２人称になります。

⋯ 부모님 선물은 제가 준비할래요. (両親のプレゼントは私が用意します。)

⋯ 다음 주에 같이 놀러 갈래요? (来週一緒に遊びに行きませんか？)

【CHECK】

🖋 赤シートで隠し，活用を確認しましょう。

動詞	肯定形	否定形	動詞	肯定形	否定形
가다	갈래요	가지 않을래요	걷다	걸을래요	걷지 않을래요
먹다	먹을래요	먹지 않을래요	줍다	주울래요	줍지 않을래요
만들다	만들래요	만들지 않을래요	짓다	지을래요	짓지 않을래요

🖋 日本語に合わせて（　　）に適当な語を入れましょう。

① 今日，一緒にランチしませんか？ ⋯ 오늘 같이 (　　　　　　)?

② 何を頼むつもりですか？ ⋯ 뭘 주문하실 거예요?
　　― 私はキムチチゲにします。 　　―저는 김치찌개(　　　　).

③ 私はホラー映画は見ません。 ⋯ 저는 공포 영화는 (　　　　　　).

④ 私に水泳を教えてくれませんか？ ⋯ 저한테 수영을 좀 (　　　　　)?

⑤ 週末に一緒に山登りしませんか？ ⋯ 주말에 같이 (　　　　　)?
　　―ごめんなさい。約束がありますので。 　　―죄송해요. 저는 약속이 있어서요.

⑥ 今日は家で休みます。 ⋯ 오늘은 (　　　　　　).

CHECK 解答 ①점심 드실래요 ②로 할래요 ③보지 않을래요 ④가르쳐 줄래요
⑤등산 갈래요 ⑥집에서 쉴래요

19　動詞＋(으)ㅂ시다 // 動詞＋지 맙시다　〜〜しましょう // 〜するのをやめましょう

解説 丁寧な勧誘の表現です。ただし，状況によっては命令の表現にもなります。

接続 動詞（原形）の最後の「다」を取り，最後の文字のパッチムの有無で判断します。
「-지 맙시다」は「다」を取り，後ろに付けるだけです。

パッチム無	-ㅂ시다	否定	-지 맙시다
パッチム有	-읍시다		-지 맙시다

ポイント① 命令の理由を話すには「그러니까」や「-(으)니까」を使います。

…→ **연락이 안 돼요. 그러니까 우리 먼저 출발합시다.**
（連絡が取れません。だから私たち，先に**出発しましょう**。）

ポイント② 「-지 마십시오」を文中で用いる場合，「-지 말고」の形になります。

…→ **술을 마시지 말고 밥을 먹읍시다.**（お酒を**飲まず**ご飯を食べましょう。）

ポイント③ 相手が目上の場合は「-(으)시지요」を用います。

…→ **사장님, 회의를 시작하시지요.**（社長，会議を**始めましょう**。）

【CHECK】

🖋 赤シートで隠し，活用を確認しましょう。

動詞	肯定形	否定形	動詞	肯定形	否定形
가다	갑시다	가지 맙시다	걷다	걸읍시다	걷지 맙시다
먹다	먹읍시다	먹지 맙시다	돕다	도웁시다	돕지 맙시다
만들다	만듭시다	만들지 맙시다	짓다	지읍시다	짓지 맙시다

🖋 日本語に合わせて（　）に適当な語を入れましょう。

① 私たち**結婚しましょう**。 …→ 우리 (　　　　　).

② 母の誕生日に旅行を**お贈りしましょう**。…→ 어머니 생신에 여행을 (　　　　　).

③ 明日一緒に映画を見ましょうか？ …→ 내일 같이 영화를 볼까요?
　—そうしましょう。 —(　　　　).

④ ゴールデンウィークは人が多いです。…→ 황금 연휴에는 사람이 많습니다.
　だから行くのをやめましょう。 (　　　　　　　).

⑤ **歩かず**地下鉄に**乗って行きましょう**。…→ (　　　　) 지하철을 (　　　　).

⑥ 会議を**始めましょう**。 …→ 회의를 (　　　　).

---

①결혼합시다　②보내 드립시다　③그럽시다　④그러니까/가지 맙시다
⑤걷지 말고/타고 갑시다　⑥시작합시다　　◀CHECK 解答

20	관형형	連体形（韓国語では冠形形という）

解釈 名詞を修飾する時の形容詞・動詞の形です。動詞と形容詞で活用が異なるので注意が必要です。形容詞は現在形のみです。

		過去	現在	未来
動詞	パッチム無	-ㄴ	-는	-ㄹ
	パッチム有	-은	-는	-을
	否定形	-지 않은	-지 않는	-지 않을
形容詞	パッチム無	なし	-ㄴ	なし
	パッチム有	なし	-은	なし
	否定形	なし	-지 않은	なし

▲ 動詞の現在連体形はパッチム関係なく同形です。

ポイント 2つ以上の語を羅列する時には「-고」で繋げて最後の単語だけ連体形にします。

⋯ 싸고 좋은 **물건이 많이 있어요.** （**安くてよい**品物がたくさんあります。）

【CHECK】

👆 赤シートで隠し，活用を確認しましょう。

動詞	過去形	現在形	未来形
가다	간	가는	갈
먹다	먹은	먹는	먹을
만들다	만든	만드는	만들
좋아하다	좋아한	좋아하는	좋아할

動詞	過去形	現在形	未来形
듣다	들은	듣는	들을
돕다	도운	돕는	도울
낫다	나은	낫는	나을

👆 日本語に合わせて（　　）に適当な語を入れましょう。

① 友達と**恐い映画**を見ました。 ⋯ 친구하고 （　　　　　　）를 봤어요.

② **必要なもの**はありますか。 ⋯ （　　　　　）이 있습니까?

③ 今度の休暇に**行く所**はハワイです。 ⋯ 이번 휴가에 （　　　）은 하와이예요.

④ **小さくなく軽い**携帯が買いたいです。 ⋯ （　　　　　　　　　　）를 사고 싶어요.

⑤ 近頃**やること**が多すぎます。 ⋯ 요즘 （　　　）이 너무 많아요.

⑥ 韓国ドラマが**好きな方**いらっしゃいますか? ⋯ 한국 드라마를 （　　　　　　） 계세요?

⑦ 頻繁に**着ない服**は捨てるつもりです。 ⋯ 자주 （　　　　　　）은 버리려고 합니다.

21 높임말

敬語

解説 敬語表現は日本語と使う場面が異なる場合があります。

場面	韓国語	日本語
両親の話を友達にする時	○	×
両親の話を上司にする時	○	×
会社の同僚に上司の話をする時	○	○
自分の会社の上司の話を取引先の人にする時	○	×
有名人の話をする時（偉大な人かどうかは考えずに）	×	○

尊敬語と謙譲語では，尊敬語のほうが発達しています。尊敬語の作り方は，動詞・形容詞は「-(으)시-」を，名詞には「-(이)시-」を付けます。

動詞・形容詞

パッチム無	過去 -셨어요 / -셨습니다	現在 -세요/셔요 / -십니다	未来 -실 거예요 / -실 겁니다
パッチム有	-으셨어요 / -으셨습니다	-으세요/으셔요 / -으십니다	-으실 거예요 / -으실 겁니다

ポイント❶ 「드리다」と「주시다」の違い

| 드리다 | 目下の人が目上の人に |

| 주시다 | 目上の人が目下の人に |

⋯ 할아버지께 선물을 드렸습니다. （祖父にプレゼントを**差し上げました**。）

⋯ 할아버지께서 용돈을 주셨습니다. （祖父がお小遣いを**くださいました**。）

ポイント❷ 「있으시다」と「계시다」の違い

| 계시다 | 高める対象自体に |

| 있으시다 | 高める対象のものや周りの人に |

⋯ 사장님께서 지금 사무실에 계세요. （社長は今，事務室に**おられます**。）

⋯ 사장님은 따님이 두 분 있으세요. （社長は娘さんが2人**いらっしゃいます**。）

⋯ 아버지께서는 책을 많이 가지고 계십니다. （父は本をたくさん**持っています**。）

◆ 特別な表現を使う敬語

자다	주무시다		먹다	잡수시다/드시다		마시다	드시다

있다	있으시다/계시다		없다	없으시다/안 계시다		하다	하시다

죽다	돌아가시다		말하다	말씀하시다

◆ 尊敬の意味を持つ名詞

| 집 家 | 댁 | | 말 話 | 말씀 | | 이름 名前 | 성함 | | 나이 歳 | 연세 |

| 생일 誕生日 | 생신 | | 밥 ご飯 | 진지 | | 사람 人 | 분 |

◆ 名詞に「님」を付けて対象（人）を高める

| 선생 先生 | 선생님 | | 부장 部長 | 부장님 |

◆ 人を指し示す名詞に付く助詞

| 이/가 | 께서 | | 은/는 | 께서는 | | 에게/한테 | 께 | | 에게는/한테는 | 께는 |

| 도 | 께서도 | | 만 | 께만 | | 에게도/한테도 | 께도 | | 에게만/한테만 | 께만 |

◆ 謙譲語

| 나 | 저 | | 우리 | 저희 |

| 말하다 | 말씀드리다 | | 만나다/보다 | 뵙다 | | 주다 | 드리다 |

【CHECK】

✐ 赤シートで隠し，活用を確認しましょう。

動詞	過去形	現在形	未来形・推測
가다	가셨어요 가셨습니다	가세요/가셔요 가십니다	가실 거예요 가실 겁니다
찾다	찾으셨어요 찾으셨습니다	찾으세요/찾으셔요 찾으십니다	찾으실 거예요 찾으실 겁니다
만들다	만드셨어요 만드셨습니다	만드세요/만드셔요 만드십니다	만드실 거예요 만드실 겁니다
좋아하다	좋아하셨어요 좋아하셨습니다	좋아하세요/좋아하셔요 좋아하십니다	좋아하실 거예요 좋아하실 겁니다
듣다	들으셨어요 들으셨습니다	들으세요/들으셔요 들으셨습니다	들으실 거예요 들으실 겁니다
돕다	도우셨어요 도우셨습니다	도우세요/도우셔요 도우십니다	도우실 거예요 도우실 겁니다
낫다	나으셨어요 나으셨습니다	나으세요/나으셔요 나으십니다	나으실 거예요 나으실 겁니다

✍ 日本語に合わせて（　　）に適当な語を入れましょう。

① 先生が学校へ**行かれます**。　　⋯ 선생님（　　　）학교에（　　　　　）.

② 祖父は**元気です**。　　　　　　⋯ 할아버지（　　　）（　　　　　）.

③ お名前は何と**おっしゃいますか**。⋯（　　　　）어떻게（　　　　）?

④ 両親は韓国に**住んでいます**。　⋯ 부모님（　　　）한국에（　　　　　　）.

⑤ 去年，祖母が**亡くなりました**。⋯ 작년에 할머니（　　）（　　　　　　）.

✍ 次の文を敬語に変えて書きなさい。

⑥ 아버지가 방에 있습니다.
　⋯ 아버지（　　）방에（　　　　）.

⑦ 어머니가 지금 음악을 들어요.
　⋯ 어머니（　　）지금 음악을（　　　　）.

⑧ 나이가 몇 살이에요?
　⋯（　　　）어떻게（　　　）?

⑨ 집이 어디예요?
　⋯（　　）이（　　　　）?

⑩ 어머니는 어디에 살아요?
　⋯ 어머니（　　　）어디에（　　　）?

⑪ 부장은 오늘 지방에 출장을 갑니다.
　⋯ 부장（　　　　　）오늘 지방에 출장을（　　　）.

⑫ 사장이 나에게 전화를 했어요.
　⋯ 사장（　　　）（　）에게 전화를（　　　）.

⑬ 나는 선생님 생일에 케이크를 만들어 줬습니다.
　⋯（　）는 선생님（　　）에 케이크를 만들어（　　　　）.

⑭ 부모님 생일 때 여행을 보내 줄 거예요.
　⋯ 부모님（　　）때 여행을 보내（　　）거예요.

⑮ 아버지는 항상 밥을 먹은 후에 커피를 마십니다.
　⋯ 아버지（　　　）항상（　　）를（　　　　）후에 커피를（　　　）.

---

①께서/가십니다　②께서는/건강하세요　③성함이/되십니까　④께서는/살고 계세요　⑤께서/돌아가셨어요　⑥께서/계십니다　⑦께서/들으세요　⑧연세가/되세요　⑨댁/어디세요　⑩께서는/사세요　⑪님은〔님께서는〕/가십니다　⑫님께서/저/하셨어요　⑬저/생신/드렸습니다　⑭생신/드릴　⑮께서는/진지/잡수신〔드신〕/드십니다

◀CHECK解答

59

22 名詞＋(이)고　動詞・形容詞＋고　｜ ①〜て，〜で《羅列》 ②〜てから，〜後《順番》

解釈 ① 動作・状態・事柄を羅列するのに用います。　② 動作の順番を表します。

接続方法 動詞・形容詞（原形）の最後の「다」を取り，「고」を付けます。《羅列》の場合，品詞関係なく使えますが，《順番》の場合は動詞のみ結合します。

名詞	パッチム無	-(이)고	否定	-가 아니고	動詞・形容詞	パッチム無	-고	▲《類似表現》
	パッチム有	-이고		-이 아니고		パッチム有	-고	-(으)ㄴ 후에

ポイント① 時制は「-고」の部分で表してもいいですが，習慣的に文末だけでかまいません。

… 내일은 운동을 **할 거고** 도서관에서 책도 빌릴 거예요.〔△〕

내일은 운동을 **하고** 도서관에서 책도 빌릴 거예요.〔◎〕

（明日は**運動をして**図書館で本も借りる予定です。）

ポイント② 主語が同じで，2つ以上の事実を羅列する時には助詞「-도」を用います。

… 이 식당은 값**도 싸고** 요리**도** 맛있어요.

（このレストランは値段**も安くて**料理**も**おいしいです。）

ポイント③ 《順番》で主語が同じ場合，移動動詞（「**7** 名詞 +에」参照）や以下の動詞などには「-고」ではなく「-아/어서」を用います。

일어나다	起きる	앉다	座る	눕다	横になる	만나다	会う

… 저는 오늘 학교에 **가서** (저는) 공부를 해요.

（私は今日，図書館に**行って**（私は）勉強するつもりです。）

【CHECK】

✎ 赤シートで隠し，活用を確認しましょう。

① 父は**韓国人で**母は日本人です。　… 아버지는 (　　　　　　　) 어머니는
　일본 사람이에요.

② この店は**安くて**おいしいです。　… 이 가게는 (　　　) 맛있어요.

③ 韓国は**夏は暑いし**冬は寒いです。 … 한국은 (　　　　　　) 겨울은 춥습니다.

④ 私は**歯を磨いて**シャワーを浴びます。… 저는 (　　　　　) 샤워를 해요.

⑤ 弟は**背も高くて**顔もハンサムです。… 남동생은 (　　　　　　　) 잘생겼어요.

⑥ **横たわって**本を読みます。　… (　　　) 책을 읽어요.

CHECK 解答) ①한국 사람이고　②싸고　③여름은 덥고　④이를 닦고　⑤키도 크고 얼굴도
⑥누워서

達成率
52 %

23 名詞＋(이)라서, 이어서/여서　動詞・形容詞＋아/어서　①〜から, 〜ので《理由・原因》
②〜(く)て, 〜し《順番》

解説 ① 理由・原因の表現です。

② 物事の順番を表します。

接続法 動詞・形容詞（原形）の最後の「다」を取り，最後の文字の母音で判断します。順番の場合は動詞のみ結合します。

名詞	パッチム**無**	-라서／-여서
	パッチム**有**	-이라서／-이어서
動詞・形容詞	母音が ㅏと ㅗ	-아서
	ㅏと ㅗ ではない	-어서
	하다が付く	-해서／-하여서

ポイント1 理由の「-아/어서」の注意点

① 過去や未来のことを話す時，「-아/어서」部分を「-았/었-」や「-겠-」にすることはできません。その場合は文末を過去形や未来形に変えます。

┈→ 具合が**よくなくて**学校を休みました。

　몸이 안 좋아서〔✕좋았어서〕학교를 쉬었어요.

② 命令文や勧誘文では使えません。その場合は「-(으)니까」の表現を用います。

┈→ お腹が**空いたから**ご飯を食べましょう。

　배가 고프니까〔✕고파서〕밥을 먹읍시다.

ポイント2 順番の「-고」VS「-아/어서」

①「-아/어서」は前後の行動が密接に関係する際使うのに対し，「-고」は前後の行動を単純に時間順に並べる際に使います。

┈→ リンゴを**洗って**…

　사과를 씻어서 그 사과를 먹어요. (…**そのリンゴ**を食べました)

　사과를 씻고 다른 음식을 먹어요. (…**他の食べ物**を食べました)

② 着脱動詞（**11** 動詞＋고 있다）に付く時は「-아/어서」ではなく「-고」を用います。

┈→ 모자를 쓰고 외출하세요. (帽子を被って外出してください。)

[CHECK]

🖊 赤シートで隠し，活用を確認しましょう。

名詞

가수	가수라서/가수여서
선생님	선생님이라서/선생님이어서

動詞

가다	가서	먹다	먹어서
마시다	마셔서	만들다	만들어서
쓰다	써서	듣다	들어서
부르다	불러서	돕다	도와서
하다	해서	짓다	지어서

形容詞

싸다	싸서	크다	커서
어리다	어려서	작다	작아서
크다	커서	멀다	멀어서
다르다	달라서	가깝다	가까워서
친절하다	친절해서	그렇다	그래서

🖊 日本語に合わせて（　）に合った形を入れましょう。

① 韓国の会社で**働きたいので**，韓国語を習います。 … 한국 회사에서 (　　　　　) 한국어를 배워요.

② 来年，**留学する予定なので**お金を貯めています。 … 내년에 (　　　　　) 돈을 모으고 있어요.

③ **明日から休暇なので**韓国に旅行に行く予定です。 … (　　　　　) 한국에 여행을 갈 거예요.

④ 父は**お酒が好きなので**お酒をプレゼントであげました。 … 아버지께서는 (　　　　　) 술을 선물로 드렸어요.

⑤ **友達に会って**一緒に映画を見ました。 … (　　　　　) 같이 영화를 봤어요.

⑥ **野菜を切って**鍋に入れてください。 … (　　　　　) 냄비에 넣으세요.

⑦ 図書館で**本を借りて**試験勉強をしました。 … 도서관에서 (　　　　) 시험 공부를 했어요.

⑧ **週末なので**公園に人が多かったです。 … (　　　　) 공원에 사람이 많았어요.

⑨ **靴を脱いで**部屋に入ります。 … (　　　) 방에 들어가요.

⑩ **雨がたくさん降ったので**遠足に行きませんでした。 … (　　　) 소풍을 안 갔어요.

🖐 正しい形はどちらでしょう。

⑪ 手を**洗って**ご飯を食べます。
…손을 (씻고 / 씻어서) 밥을 먹었습니다.

⑫ 学校に**電話して**授業を予約しました。
…학교에 (전화하고 / 전화해서) 수업을 예약했어요.

⑬ ドアを**開けて**出ました。
…문을 (열고 / 열어서) 나갔어요.

⑭ ドアを**施錠して**外出します。
문을 (잠그고 / 잠가서) 외출을 합니다.

⑮ 学校に**行って**勉強をします。
학교에 (가고 / 가서) 공부를 합니다.

⑯ 携帯電話の電源を**消して**勉強します
휴대 전화의 전원을 (끄고 / 꺼서) 공부합니다.

⑰ 次の話をよく**聞いて**質問に答えなさい。
다음 이야기를 잘 (듣고 / 들어서) 질문에 답하십시오.

⑱ 身分証は**コピーして**持ってきてください。
신분증은 (복사하고 / 복사해서) 가져 오십시오.

⑲ 次からは**連絡してから**来てください。
다음부터는 (연락하고 / 연락해서) 오세요.

⑳ 洗濯機に**洗剤を入れて**スタート・ボタンを押してください。
세탁기에 세제를 (넣고 / 넣어서) 시작 버튼을 눌러요.

⑪ 씻고 ⑫ 전화해서 ⑬ 열고 ⑭ 잠그고 ⑮ 가서 ⑯ 끄고 ⑰ 듣고 ⑱ 복사해서 ⑲ 연락하고 ⑳ 넣고

CHECK 解答

24 名詞＋(이)니까　動詞・形容詞＋(으)니까　～から，～ので

[解説] 理由，原因を表します。

[接続方] 動詞・形容詞（原形）の最後の「다」を取り，パッチムの有無で判断します。

名詞	パッチム無	-니까		動詞・形容詞	パッチム無	-니까
	パッチム有	-이니까			パッチム有	-으니까

▲《類似表現》
-아/어서
-기 때문에

【CHECK】

🖐 赤シートで隠し，活用を確認しましょう。

名詞	過去形	現在形
가수	가수였으니까	가수니까
선생님	선생님이었으니까	선생님이니까

動詞	過去形	現在形
가다	갔으니까	가니까
작다	작았으니까	작으니까
만들다	만들었으니까	만드니까
듣다	들었으니까	들으니까

動詞	過去形	現在形
돕다	도왔으니까	도우니까
짓다	지었으니까	지으니까
그렇다	그랬으니까	그러니까

🖐 日本語に合わせて（　）に適当な語を入れましょう。

① 宿題が**多いので**週末は勉強しなければなりません。　…　숙제가（　　　　　）주말에는 공부해야 해요.

② 母の**誕生日なので**私が料理を作る予定です。　…　어머니의（　　　　　）제가 요리를 만들 거예요.

③ 今は**忙しいから**後で話しましょう。　…　지금은（　　　　　）나중에 이야기합시다.

④ **風邪を引いたので**明日は学校をお休みください。　…　（　　　　　）내일은 학교를 쉬세요.

⑤ 好きな歌手のライブに**行く予定なので**一緒に旅行に行けません。　…　좋아하는 가수의 콘서트에（　　　　　）같이 여행을 갈 수 없어요.

⑥ 父が**先生なので**父に聞いてみればいいです。　…　아버지가（　　　　　）아버지에게 물어 보면 돼요.

⑦ 天気が**暑いので**帽子を被って出かけてください。　…　날씨가（　　　　　）모자를 쓰고 나가세요.

CHECK 解答　①많으니까　②생일이니까　③바쁘니까　④감기에 걸렸으니까　⑤갈 거니까　⑥선생님이니까　⑦더우니까

64

25 名詞・動詞・形容詞＋**기 때문에** | ～のために，～のせいで，～ので，～から

解釈 理由，原因を表します。「-아/어서」や「-(으)니까」より強い意味になります。

接続法 動詞・形容詞（原形）の最後の「다」を取り，後ろに「기」を付けます。

▲《類似表現》-아/어서, -(으)니까

ポイント❶ 命令文や勧誘文では使えません。その場合は「-(으)니까」を用います。

⋯ 오늘은 더우니까〔×덥기 때문에〕 냉면을 먹읍시다.

（今日は**熱いから**冷麺を食べましょう。）

「왜냐하면～ -기 때문이다 (なぜなら～だからだ)」の形でもよく使われます。

⋯ 친구는 그 배우를 좋아합니다. 왜냐하면 연기를 참 잘하기 때문입니다.

（友人はその俳優が好きです。**なぜなら**演技がとても**上手だからです**。）

ポイント❷ -아/어서 VS -으니까 VS -기 때문에

	-아/어서	-(으)니까	-기 때문에
-았/었-, -겠-と結合	×	○	△「겠」は使わない
命令文, 勧誘文	×	○	×
客観性	高い	低い	普通

【CHECK】

▨ 赤シートで隠し，活用を確認しましょう。

名詞	過去形	現在形	未来形・推測
가수	가수였기 때문에	가수(이)기 때문에	가수일 거기 때문에
선생님	선생님이었기 때문에	선생님이기 때문에	선생님일 거기 때문에

動詞	過去形	現在形	未来形・推測
가다	갔기 때문에	가기 때문에	갈 거기 때문에
작다	먹었기 때문에	먹기 때문에	먹을 거기 때문에

▨ 日本語に合わせて（　）に適当な語を入れましょう。

① 雨が降るため遠足をキャンセルしました。 ⋯（　　　　　　）소풍을 취소했습니다.

② 外国人なので外国人登録証が必要です。 ⋯（　　　　　　）외국인등록증이 필요합니다.

③ 遅刻を多くしたため進級は難しいです。 ⋯（　　　　　　）진급이 어려워요.

④ 連絡がなかったので先に出発しました。 ⋯（　　　　　　）먼저 출발했어요.

①비가 오기 때문에　②외국인이기 때문에　③지각을 많이 했기 때문에
④연락이 없었기 때문에

CHECK 解答

26 名詞＋[∨]때문에　　　　　　　　〜のために，〜のせいで

解釈 理由・原因を表します。

接続法 前に名詞を置き，すぐ後ろにその名詞によって起きた結果がきます。名詞と「때문에」の間は必ず空けましょう。

ポイント 名詞 때문에 VS 名詞이기 때문에
意味ごとに使い分けましょう。

… 선생님 때문에 공부를 열심히 해요. (先生のせいで勉強を一生懸命します。)
直接な理由は書いてないけれど，「先生が厳しい」「先生が宿題をいっぱい出した」などの理由から勉強する結果となったこと述べています。《勉強するのは生徒》

… 선생님이기 때문에 공부를 열심히 해요. (先生だから勉強を一生懸命します。)
「先生という立場である」「資格・身分が先生である」という理由から，勉強するということを述べています。《勉強するのは先生》

【CHECK】

日本語に合わせて（　　）に合った形を入れましょう。

① 霧のせいで飛行機が出発できませんでした。　… （　　　　　　）비행기가 출발하지 못했습니다.

② 風邪のためのどが痛いです。　… （　　　　　　）목이 아파요.

③ 赤ちゃんのため夜よく寝られません。　… （　　　　　　）밤에 잠을 잘 못 자요.

正しい形はどちらでしょう。

④ 学生のせいで先生が怒っています。　… （학생 때문에 / 학생이기 때문에）선생님이 화가 났어요.

⑤ 前の人の頭のせいでよく見えません。　… 앞사람 （머리 때문에 / 머리이기 때문에）잘 안 보여요.

27 名詞＋를/을 위해(서) 動詞＋기 위해(서) ～のため（に）

【解説】 目的を表します。

【接続法】 動詞（原形）の最後の「다」を取って付けます。名詞は最後の文字のパッチムの有無で判断します。「서」は省略することもあります。

名詞	パッチム**無**	-를 위해서
	パッチム**有**	-을 위해서

動詞	パッチム**無**	-기 위해서
	パッチム**有**	-기 위해서

ポイント① 形容詞は「-아/어지다（**36** で学習）」を付けることで動詞に変化します。

… 행복해지기 위해서 항상 긍정적으로 생각합니다.
（**幸せになるために**いつも肯定的に考えています。）

ポイント② 前後の文の主語が同じになります。

(제가) 한국 회사에 취직하기 위해서 (제가) 한국어를 공부해요.
（〔私が〕韓国の会社に**就職するために**〔私が〕韓国語を勉強しています。）

【CHECK】

🖐 赤シートで隠し，活用を確認しましょう。

名詞		動詞		形容詞	
가수	가수를 위해서	**가다**	가기 위해서	**크다**	커지기 위해서
선생님	선생님을 위해서	**먹다**	먹기 위해서	**작다**	작아지기 위해서

🖐 日本語に合わせて（　　）に合った形を入れましょう。

① 通訳者に**なるために**一生懸命に韓国語を勉強しています。　…　통역가(　　　　　　　　) 열심히 한국어를 공부하고 있어요.

② 好きな歌手を**見るために**ファンミーティングへ行くことにしました。　…　(　　　　　　　　　　) 팬 미팅에 가기로 했어요.

③ 韓国語を**習うために**韓国へ来ました。　…　(　　　　　　　　　) 한국에 왔어요.

④ 健康の**ために**毎日ジョギングをします。　…　(　　　　　　) 매일 조깅을 합니다.

⑤ 誕生日である友達の**ために**パーティをすることにしました。　…　(　　　　　　　　) 파티를 하기로 했어요.

⑥ 弟／妹がピアノの演奏会で**発表するために**毎日練習しています。　…　동생이 피아노 연주회에서 (　　　　　　) 매일 연습을 해요.

①가 되기 위해서　②좋아하는 가수를 보기 위해서　③한국어를 배우기 위해서
④건강을 위해서　⑤생일인 친구를 위해서　⑥발표하기 위해　　◀CHECK 解答

28 動詞＋**-아/어 주다** | ~てくれる, ~てもらう／~てあげる

解釈 授受表現です。

接続法 動詞（原形）の最後の「다」を取り，母音で判断します。時制は「**주다**」を活用します。

母音が ト と ⊥	-아 주다	-아 줍니다	-아 주세요	-아 주십시오
ト と ⊥ ではない	-어 주다	-어 줍니다	-어 주세요	-어 주십시오
하다が付く	-해 주다	-해 줍니다	-해 주세요	-해 주십시오

ポイント①「~してもらう」は「**-아/어 받다**」ではなく，「**-아/어 주다**」を用います。

ポイント② 敬語の場合，謙譲語は「**-아/어 드리다**」，尊敬語は「**-아/어 주시다**」を用います。目下の人から目上の人に対しては「**-아/어 드리다**」で，目上の人から目下の人に対しては「**-아/어 주시다**」です。（「**21** 敬語」参照）

【CHECK】

🖋 赤シートで隠し，活用を確認しましょう。

動詞	-아/어 줍니다	疑問形	動詞	-아/어 주세요	過去形
가다	가 줍니다	가 줍니까?	**먹다**	먹어 주세요	먹어 주셨어요
마시다	마셔 줍니다	마셔 줍니까?	**만들다**	만들어 주세요	만들어 주셨어요
쓰다	써 줍니다	써 줍니까?	**듣다**	들어 주세요	들어 주셨어요
부르다	불러 줍니다	불러 줍니까?	**돕다**	도와 주세요	도와 주셨어요
하다	해 줍니다	해 줍니까?	**짓다**	지어 주세요	지어 주셨어요

🖋 日本語に合わせて（　）に合った形を入れましょう。

① 友人が私にケーキを**作ってく** ··· 친구가 저에게 케이크를 (　　　　　다).
　れました。

② 母は夜，本を**読んでくれます**。··· 어머니는 밤에 책을 (　　　　다).

③ 前髪を短く**切ってください**。 ··· 앞머리를 짧게 (　　　요).

④ 先生，もう少し大きく**おっ** ··· 선생님 조금만 더 크게 (　　　　오).
　しゃってください。

⑤ 私が韓国を**案内して差しあげ** ··· 제가 한국을 (　　　요)?
　ましょうか？

⑥ 両親の誕生日に旅行を**贈って** ··· 부모님 생신에 여행을 (　　　　다).
　あげるつもりです。

CHECK 解答 ①만들어 줬습니다　②읽어 줍니다　③잘라 주세요　④말씀해 주십시오
⑤안내해 드릴까요　⑥보내 드릴 겁니다

29 動詞＋기로 하다　　　〜することにする

解説 自分の決心・決意を相手に話す時に用います。

接続法 動詞（原形）の最後の「다」を取り，後ろに「-기로 하다」を付けます。

ポイント❶ 主に，話し手が過去に決めたことを話すのに用いられる場合が多く，「-기로 했다（〜することにした）」の形で使われます。しかし，物事を決める瞬間には現在形や勧誘形「-(으)ㅂ시다」または「-(으)ㄹ까요?」を用います。

… 이 주제는 다음 회의 때 다시 이야기를 나누기로 합시다.
（この主題は次の会議の時にまた話を**交わすことにいたしましょう**。）

… 수업 시간 때마다 단어 시험을 보기로 할까요?
（授業時間のたびに単語テストを**受けることにしましょうか**。）

ポイント❷ 「하다」の代わりに「정하다」「결정하다」「결심하다」「이야기하다」などを用いる場合もあります。

… 교실에서는 스마트폰을 사용하지 않기로 정했어요.
（教室ではスマホを**使用しないことに決めました**。）

… 다음 시간에 이야기하기로 결정했어요.
（次の時に**話すことに決定しました**。）

… 다이어트를 하기로 결심했어요.
（ダイエットを**しようと決心しました**。）

… 선생님에게는 비밀로 하고 깜짝 파티를 준비하기로 이야기했어요.
（先生には秘密にしてサプライズ・パーティを**準備しようと話しました**。）

【CHECK】

日本語に合わせて（　）に合った形を入れましょう。

① 卒業式の日，学生たちとパーティをすることにしました。 … 졸업식 날 학생들과 파티를 (　　　　　요).

② 来週，両親と**旅行へ行くことに**しました。 … 다음 주에 부모님과 (　　　　　요).

③ 今日は時間がないから明日また**会って話すことにしましょう**。 … 오늘은 시간이 없으니까 내일 다시 (　　　　　다).

④ 毎朝，**運動しようと決心しました**。 … 매일 아침 (　　　　　요).

⑤ 母の誕生日の時，家族と一緒に**外食をすることに決めました**。 … 어머니 생신 때 가족들과 같이 (　　　　　다).

⑥ ジヨンさんにはミソンさんが**連絡することにしましょう**。 … 지영 씨에게는 미선 씨가 (　　　　　요).

①하기로 했어요　②여행을 가기로 했어요　③만나서 이야기하기로 합시다
④운동하기로 결심했어요　⑤외식을 하기로 정합니다　⑥연락하기로 해요　◀CHECK解答

30 動詞＋(으)려고 (하다) | ①〜しようと《意志・意図》 ②〜しようとする《計画・予定》

解説 ① 意志・意図を表します。

② 後ろに「하다」を付けて「(으)려고 하다」とすることで計画・予定を表します。

接続法 動詞（原形）の最後の「다」を取り，パッチムの有無で判断します。

| パッチム無 | -려고 | | パッチム有 | -으려고 | ▲《類似表現》-고 싶다, -(으)러 |

ポイント 意味的に，文末が命令や勧誘の表現になる文とは一緒に使えません。

【CHECK】

📗 赤シートで隠し，活用を確認しましょう。

動詞	現在形	動詞	現在形
가다	가려고 합니다/해요	듣다	들으려고 합니다/해요
먹다	먹으려고 합니다/해요	돕다	도우려고 합니다/해요
만들다	만들려고 합니다/해요	짓다	지으려고 합니다/해요

📗 日本語に合わせて（　　）に合った形を入れましょう。

① 韓国で**暮らそうと**韓国語を勉 ⋯ 한국에서 (　　　　　) 한국어를 공부합니다.
　 強しています。

② 明日，友達に**あげようと**プレ ⋯ 내일 친구에게 (　　　　) 선물을 샀습니다.
　 ゼントを買いました。

③ コーヒーを**飲もうと**お湯を沸か ⋯ 커피를 (　　　　　) 물을 끓였어요.
　 しました。

④ **髪を切りに**来ました。　　　　 ⋯ (　　　　　　　　) 왔어요.

⑤ 休暇に，両親と一緒に**旅行に行** ⋯ 휴가 때 부모님과 같이 (　　　　　　　요).
　 くつもりです。

⑥ 人気のある映画なので早く**予約** ⋯ 영화가 인기 있어서 일찍 (　　　　　　　요).
　 しようと思います。

⑦ 彼氏の誕生パーティの日，ケー ⋯ 남자 친구의 생일 파티 때 케이크를
　 キを**作ってあげる**つもりです。　 (　　　　　　　다).

⑧ 先週，**山登りに行く**つもりでし ⋯ 지난주에 (　　　　　　　　　) 비가 와서
　 たが雨が降って行けませんでし　 못 갔어요.
　 た。

CHECK 解答 ①살려고　②주려고　③마시려고　④머리를 자르려고　⑤여행을 가려고 해요
⑥예매하려고 해요　⑦만들어 주려고 합니다　⑧등산을 가려고 했는데

達成率
64 %

31 動詞＋(으)러＋ᵛ移動動詞　　　～しに…する《移動動詞》

解説 目的を表します。

接続法 「-(으)러」の前に付く動詞（原形）の最後の「다」を取り，最後の文字のパッチムの有無で判断します。

| パッチム無 | -러 |　| パッチム有 | -으러 |　▲《類似表現》-고 싶다, -(으)려고

ポイント -(으)러 VS -(으)려고

	-(으)러	-(으)려고
移動動詞	○	○
一般動詞	×	○
命令文, 勧誘文	○	×

… 우표를 사러/사려고 우체국에 갑니다. (切手を買いに／買おうと郵便局に行きます。)
… 책을 빌리러/빌리려고 왔어요. (本を借りに／借りようと来ました。)

【CHECK】

赤シートで隠し，活用を確認しましょう。

動詞	＋行く
보다	보러 가다
먹다	먹으러 가다
만들다	만들러 가다

動詞	＋来る
듣다	들으러 오다
돕다	도우러 오다
짓다	지으러 오다

日本語に合わせて（　）に合った形を入れましょう。

① 先生に会いに来ました。　…（　　　）왔습니다.
② 韓国語を習いに教室に通っています。…（　　　）학원에 다니고 있어요.
③ 引越しをして挨拶をしに来ました。… 이사를 해서（　　　）왔습니다.
④ 今度は韓国に遊びに来てください。… 다음에는（　　　）오세요.

正しい形はどちらでしょう。

⑤ 韓国料理を作ろうと買いました。… 한국 요리를（ 만들러 / 만들려고 ）샀어요.
⑥ また今度，美味しい食べ物を食べに来てください。… 다음에도 맛있는 음식을（ 먹으러 / 먹으려고 ）오세요.
⑦ パソコンを買おうとネットで調べています。… 컴퓨터를（ 사러 / 사려고 ）인터넷으로 찾아보고 있어요.
⑧ 展示会を見に行きましょうか。… 전시회를（ 보러 / 보려고 ）갈까요?

CHECK解答
①선생님을 만나러　②한국어를 배우러　③인사를 하러　④한국에 놀러　⑤만들려고
⑥먹으러　　⑦사려고　　⑧보러

71

32 名詞＋(이)면　動詞・形容詞＋(으)면　　~と，~たら，~ならば

🈁 条件や仮定を表します。

🈁 動詞・形容詞（原形）は最後の「다」を取り，パッチムの有無で判断します。

名詞	パッチム無	-면
	パッチム有	-이면

動詞・形容詞	パッチム無	-면
	パッチム有	-으면

【CHECK】

🔖 赤シートで隠し，活用を確認しましょう。

名詞	過去形	現在形	未来形・推測
가수	가수였으면	가수면	가수일 거면
선생님	선생님이었으면	선생님이면	선생님일 거면

動詞	過去形	現在形
가다	갔으면	가면
만들다	만들었으면	만들면
듣다	들었으면	들으면
짓다	지었으면	지으면

形容詞	過去形	現在形
작다	작았으면	작으면
크다	컸으면	크면
춥다	추웠으면	추우면
빨갛다	빨갰으면	빨가면

🔖 日本語に合わせて（　）に適当な語を入れましょう。

① こちらのほうへまっすぐ**行くと** … 이쪽으로 쭉 （　　　）우체국이 나옵니다.
郵便局に出ます。

② 会社に**到着すると**まずコーヒー … 회사에 （　　　　　）먼저 커피를 마십니다.
を飲みます。

③ 韓国語をたくさん聞いて**真似す** … 한국어를 많이 듣고 （　　　　）발음이
ると発音がよくなるでしょう。　　좋아질 거예요.

④ 子どもが**8歳なら**小学何年生です … 아이가 （　　　　）초등학교 몇 학년이에요?
か？

⑤ **暑いなら**クーラーを付けましょうか … （　　　）에어컨을 켤까요?

⑥ 全部**終わったなら**家に帰りましょ … 다 （　　　　）집에 돌아갈까요?
うか？

⑦ 休暇の時，韓国に**行くなら**前もっ … 휴가 때 한국에 （　　　）미리 예약을
て予約をしてください。　　　　　하세요.

CHECK 解答 ①가면　②도착하면　③따라 하면　④8살이면　⑤더우면　⑥끝났으면　⑦갈 거면

33 動詞＋(으)ㄴ 후에 ～した後に

解釈 順番の表現です。

接続法 動詞（原形）の最後の「다」を取り，パッチムの有無で判断します。

| パッチム無 | -ㄴ 후에 | パッチム有 | -은 후에 |

ポイント 形容詞は「-아/어지다（「36 形容詞 +아/어지다」で学習）」を付けることで動詞に変化します。

시험이 쉬워진 후에 보려고 해요. （試験が**易しくなった後に**受けるつもりです。）

【CHECK】

赤シートで隠し，活用を確認しましょう。

動詞		動詞		形容詞	
가다	간 후에	듣다	들은 후에	작다	작아진 후에
먹다	먹은 후에	돕다	도운 후에	크다	커진 후에
만들다	만든 후에	낫다	나은 후에	춥다	추워진 후에

日本語に合わせて（　）に適当な語を入れましょう。

① 学校の授業が**終わった後に**図書　…　학교 수업이 (　　　　　) 도서관에서
館で勉強する予定です。　　　　　　공부할 거예요.

② 宿題を**全部した後に**外出しました。…　숙제를 (　　　　　) 외출했어요.

③ 服を**試着してみた後に**似合った　…　옷을 (　　　　　) 어울리면 사려고 해요.
ら買おうとしています。

④ 友達に**聞いてみた後に**予約しま　…　친구에게 (　　　　　) 예약했어요.
した。

⑤ キムチを**漬けた後に**すぐ冷蔵庫　…　김치를 (　　　　　) 바로 냉장고에 넣지 마세요.
に入れないでください。

⑥ 食べ物が**温まった後に**食べてく　…　음식이 (　　　　　) 먹으세요.
ださい。

①끝난 후에　②다 한 후에　③입어본 후에　④물어본 후에　⑤담근 후에
⑥따뜻해진 후에

CHECK 解答

34 動詞 +기 전에　　　~する前に

解説 順番の表現です。

接続法 動詞（原形）の最後の「다」を取り, 後ろに「기」を付けます。

| パッチム無 | -기 전에 | パッチム有 | -기 전에 |

ポイント 形容詞は「-아/어지다（「**36** 形容詞 +아/어지다」で学習)」を付けることで動詞に変化します。

> ⋯ **더워지기 전에 출발할 거예요.** (暑くなる前に出発するつもりです。)

【CHECK】

❦ 赤シートで隠し, 活用を確認しましょう。

動詞		動詞		形容詞	
가다	가기 전에	**먹다**	먹기 전에	**작다**	작아지기 전에
만들다	만들기 전에	**돕다**	돕기 전에	**춥다**	추워지기 전에
듣다	듣기 전에	**낫다**	낫기 전에	**빨갛다**	빨개지기 전에
짓다	짓기 전에				

❦ 日本語に合わせて（　　）に適当な語を入れましょう。

① **出発する前に**連絡ください。　⋯ （　　　　　　　　　） 연락하세요.

② ふだん, **買い物に行く前に** ⋯ 보통 （　　　　　　　　　） 살 물건을 메모합니다.
買う物をメモします。

③ 航空券を**事前に買う前に**価格 ⋯ 비행기 티켓을 （　　　　　　） 가격을 비교합니다.
を比較します。

④ **寝る前に**いつも本を読みます。⋯ （　　　　　） 항상 책을 읽어요.

⑤ **出勤する前に** 1 時間くらい運 ⋯ （　　　　　　　） 1시간 정도 운동을 합니다.
動をします。

⑥ 風邪が**ひどくなる前に**病院へ ⋯ 감기가 （　　　　　　） 병원에 가세요.
行ってください。

CHECK 解答 ①출발하기 전에　②장을 보러 가기 전에　③예매하기 전에　④자기 전에
⑤출근하기 전에　⑥심해지기 전에

35 名詞＋**가/이 되다**　　　　　　　～になる

解釈 名詞の変化を表します。

接続法 名詞の最後の文字のパッチムの有無で判断します。

| パッチム無 | -가 되다 | パッチム有 | -이 되다 |

ポイント 助詞に注意しましょう。韓国語では日本語の「～が」にあたる「-가/이」を用います。
「-에 되다」とはなりません。

… 의사가 되고 싶어요. （医者になりたいです。）

【**CHECK**】

✎ 赤シートで隠し，活用を確認しましょう。

名詞	過去形	現在形	未来形・推測
가수	가수가 되었습니다/됐어요	가수가 됩니다/돼요	가수가 될 겁니다/거예요
선생님	선생님이 되었습니다/됐어요	선생님이 됩니다/돼요	선생님이 될 겁니다/거예요

✎ 日本語に合わせて（　　）に適当な語を入れましょう。

① 来月の３日に私は**21歳になり** … 다음 달 3일에 저는 （　　　　　　　다）.
　ます。

② **春になり**天気がすごく暖かいです。… （　　　　　）날씨가 정말 따뜻합니다.

③ 私は小学生の時，**消防士になりた** … 저는 초등학생 때 （　　　　　　　요）.
　かったです。

④ **中学生になったら**自転車で学校へ … （　　　　　　　）자전거로 학교에 등교할
　登校することができます。　　　　　수 있습니다.

⑤ **4時になったら**教えてください。 … （　　　　　　）알려 주세요.

⑥ マイケルさんが参加したら全部で … 마이클 씨가 참가하면 모두 （　　　　요）.
　10名になります。

⑦ **秋になりました。**　　　　　… （　　　　　　다）.

36 形容詞 + **아/어지다**　　　　~くなる

[解釈] 状態や状況の変化を表します。

[接続法] 形容詞（原形）の最後の「다」を取り，最後の文字の母音で判断します。「아/어지다」が付くことで形容詞は動詞扱いになります。

| 形容詞 | 母音が ㅏ と ㅗ | -아지다 | ㅏ と ㅗ ではない | -어지다 | 하다 が付く | -해지다 |

[ポイント❶] 過去の行動の結果により変化した現在の状態を表す時には過去形「-아/어졌다」を用い，一般的な意味合いの時は現在形「-아/어지다」を用います。

→ 소금을 많이 넣어서 국이 **짜졌어요.**（塩を入れすぎて汁が**しょっぱくなりました。**）

→ 많이 먹으면 **뚱뚱해져요.**（たくさん食べると**太ります。**）

[ポイント❷] 動詞に付くと「受け身」の意味になります。

【CHECK】

🖋 赤シートで隠し，活用を確認しましょう。

形容詞	過去	現在
싸다	싸졌습니다	싸집니다
어리다	어려졌습니다	어려집니다
크다	커졌습니다	커집니다
다르다	달라졌습니다	달라집니다
친절하다	친절해졌습니다	친절해집니다

形容詞	過去	現在
크다	커졌습니다	커집니다
작다	작아졌습니다	작아집니다
멀다	멀어졌습니다	멀어집니다
가깝다	가까워졌습니다	가까워집니다
빨갛다	빨개졌습니다	빨개집니다

🖋 日本語に合わせて（　）に適当な語を入れましょう。

① 急に**寒くなって**風邪を引く人が増えました。
→ 갑자기 （　　　　　） 감기에 걸리는 사람이 （　　　　　）.

② 毎日１時間ずつ歩き始めてから**健康になりました。**
→ 매일 1시간씩 걷기 시작한 후 （　　　　　）.

③ 私が好きなコーヒーショップが**な くなりました。**
→ 제가 좋아하는 커피숍이 （　　　　　）.

④ 冬になると早く**暗くなるから**早く家に帰ってください。
→ 겨울이 되면 일찍 （　　　　　） 일찍 집에 돌아가세요.

⑤ 韓国の物価がすごく**高くなりました。**
→ 한국의 물가가 많이 （　　　　　）.

CHECK 解答　①추워져서/많아졌어요　②건강해졌어요　③없어졌어요　④어두워지니까
⑤비싸졌어요

37 動詞 + 게 되다 　　　　〜するようになる

解説 状態や状況の変化を表します。

接続方 動詞（原形）の最後の「다」を取って後ろに「-게 되다」を付けます。

ポイント❶ 形容詞に付くと「〜くなる」の意味もあるし，「〜く見せつける」の意味も含みます。

ポイント❷ 「되다」の過去形は「되었다」ですが，縮約形「됐다」もよく使われます。

ポイント❸ -게 되다 vs -가/이 되다 vs -아/어지다

品詞ごとに変化を表す表現が異なります。

名詞	가/이 되다 （〜になる）	3학년이 됩니다.（三年生になります）
形容詞	아/어지다 （〜くなる）	말이 빨라집니다.（話し方が早くなります）
動詞	게 되다 （〜ようになる）	연습해서 이제는 한국요리를 잘 만들게 되었습니다.（練習して今では韓国料理を上手に作れるようになりました）

【CHECK】

👁 赤シートで隠し，活用を確認しましょう。

動詞	過去	現在	動詞	過去	現在
가다	가게 되었습니다	가게 됩니다	듣다	듣게 되었습니다	듣게 됩니다
먹다	먹게 되었습니다	먹게 됩니다	돕다	돕게 되었습니다	돕게 됩니다
만들다	만들게 되었습니다	만들게 됩니다	낫다	낫게 되었습니다	낫게 됩니다

👁 日本語に合わせて（　）に適当な語を入れましょう。

① 韓国語を勉強し始めてからドラマを　⋯　한국어 공부를 시작한 후에 드라마를
　もっとよく見るようになりました。　　더 자주 （　　　　　　　）.

② 運動を始めた後ご飯をたくさん　⋯　운동을 시작한 후에 밥을 많이
　食べるようになりました。　　　　（　　　　　　　）.

③ うちの子どもを見るといつも微笑　⋯　우리 아이를 보면 항상 （　　　　　　　）.
　まされます。

④ ここの先生が有名だと聞いて来る　⋯　여기 선생님이 유명하다고 해서
　ようになりました。　　　　　　　（　　　　　　　）.

⑤ 来月から大阪で働くようになりま　⋯　다음 달부터 오사카에서 （　　　　　　　）.
　した。

---

①보게 되었습니다　②먹게 되었습니다　③웃게 됩니다　④오게 되었습니다
⑤일하게 되었습니다

◀ CHECK 解答

77

38 動詞 + **아/어 보다** | ~（し）てみる

【解説】経験や試行の表現です。

【接続法】動詞（原形）の最後の「다」を取り，最後の文字の母音で判断します。時制は「보다」を活用します。また，「-(으)ㄴ 적이 있다/없다」と結合することで，経験の表現を更に強調します。

形容詞		強調	
母音が ㅏ と ㅗ	-아 보다		-아 본 적이 있다/없다
ㅏ と ㅗ ではない	-어 보다		-어 본 적이 있다/없다
하다 が付く	-해 보다		-해 본 적이 있다/없다

【CHECK】

🐰 赤シートで隠し，活用を確認しましょう。

動詞	過去形	現在形	勧誘	願望
가다	가 봤어요	가 봐요	가 볼까요	가 보고 싶어요
먹다	먹어 봤어요	먹어 봐요	먹어 볼까요	먹어 보고 싶어요
만들다	만들어 봤어요	만들어 봐요	만들어 볼까요	만들어 보고 싶어요
듣다	들어 봤어요	들어 봐요	들어 볼까요	들어 보고 싶어요
돕다	도와 봤어요	도와 봐요	도와 볼까요	도와 보고 싶어요
짓다	지어 봤어요	지어 봐요	지어 볼까요	지어 보고 싶어요

🐰 日本語に合わせて（　）に適当な語を入れましょう。

① 気に入ったなら一度**着てみて**ください。 … 마음에 들면 한번 (　　　　요).

② ヨンソンさんも飲み会に来ますか？ … 영선 씨도 회식에 와요?
　—さぁ。私が一度**連絡してみます**。 　—글쎄요. 제가 한 번 (　　　　요).

③ 明日，デパートのセールが始まります。 … 내일 백화점 세일을 시작해요.
　一緒に**行ってみましょうか**？ 　같이 (　　　요)?

④ 私が好きな歌手の新しい歌を**聴いてみた** … 제가 좋아하는 가수의 새 노래를
　けど，本当によかったです。 　(　　　　　) 정말 좋았어요.

⑤ 韓国へ**留学に行ってみたい**です。 … 한국에 (　　　　　요).

⑥ ひとりで**旅行してみた**ことがありません。 … 혼자서 (　　　　) 적이 없어요.
　ぜひ一度**してみたい**です。 　꼭 한번 (　　　　요).

---

39 動詞 + (으)ㄴ 적이 있다/없다　　〜（し）たことがある／ない

[解説] 過去の経験を表します。

[接続法] 動詞（原形）の最後の「다」を取り，パッチムの有無で判断します。

| パッチム無 | -ㄴ 적이 있다/없다 | | パッチム有 | -은 적이 있다/없다 |

ポイント①「-아/어 보다」を付け「-아/어 본 적이 있다/없다」の形で使う場合が多く，「挑戦」や「ある試み」をした経験を表します。

… 김치를 담근/담가 본 적이 없어요.
（キムチを**漬けた／漬けてみた**ことがありません。）

ポイント② 日常的に行うことや一般的なことには使いません。

… 이번 주에 회사에 갔어요.〔×간 적이 있어요〕

ポイント③ -아/어 보다 VS -(으)ㄴ 적이 있다

	-아/어 보다	-(으)ㄴ 적이 있다
過去の経験	○	○
現在や未来の試み	○	×

【CHECK】

赤シートで隠し，活用を確認しましょう。

動詞	肯定形		動詞	否定形
가다	간 적이 있습니다/있어요		듣다	들은 적이 없습니다/없어요
먹다	먹은 적이 있습니다/있어요		돕다	도운 적이 없습니다/없어요
만들다	만든 적이 있습니다/있어요		짓다	지은 적이 없습니다/없어요

日本語に合わせて（　）に適当な語を入れましょう。

① 芸能人を**見たことがありますか**？ … 연예인을 （　　　　　　까)?
② 韓国料理の中でキンパプを**作った**ことがあります。 … 한국 요리 중에서 김밥을 （　　　　　요).
③ タバコを**吸ってみたことがありま**せん。 … 담배를 （　　　　　다).
④ 私はまだ海外旅行に**行ってみたこ**とがありません。 … 저는 아직 해외 여행을 （　　　　　요).
⑤ 旅先で偶然友人に**会ったことがあ**ります。 … 여행지에서 우연히 친구를 （　　　　　요).

①본 적이 있습니까　②만든 적이 있어요　③피워 본 적이 없습니다
④가 본 적이 없어요　⑤만난 적이 있어요

CHECK 解答

79

40 動詞・形容詞 **＋기** | ～こと，～の

〔解説〕 動詞・形容詞を名詞化します。箇条書きや ToDo（やること）リストなど，文を名詞化して書く時によく使います。

〔接続方〕 動詞・形容詞（原形）の最後の「**다**」を取り，「**기**」を付けます。

〔ポイント①〕「**-기** ＋ᵛ 形容詞・動詞」の形でよく使われる語彙です。

쉽다	易しい，～（し）やすい	**좋다**	良い	**바라다**	望む
편하다	楽だ，～（し）やすい	**나쁘다**	悪い	**원하다**	願う
힘들다	大変だ，～（し）にくい	**싫다**	嫌だ	**재미있다**	面白い
어렵다	難しい，～（し）にくい				
불편하다	不便だ，～（し）にくい				

… 한국 요리는 만들기 쉬워요.（韓国料理は**作りやすいです**。）
… 이번 시험에 꼭 합격하기 바랍니다.（今回の試験にぜひ**合格するよう願います**。）

〔ポイント②〕下記は名詞化として定着している語彙です。まとめて確認しましょう。

말하다 話す	말하기	**듣다** 聞く	듣기	**읽다** 読む	읽기
쓰다 書く	쓰기	**달리다** 走る	달리기	**던지다** 投げる	던지기
뛰다 飛ぶ	뛰기	**크다** 大きい	크기	**밝다** 明るい	밝기
세다 強い	세기				

━━━━━【CHECK】━━━━━

✍ 日本語に合わせて（　　）に適当な語を入れましょう。

① 私の趣味は**本を読むこと**です。 … 제 취미는 (　　　　　　　).

② 日本で**韓国語を勉強するの**が難しいです。 … 일본에서 (　　　　　　)가 어려워요.

③ 韓国は**ネットの使用**が便利です。 … 한국은 (　　　　　　)가 편해요.

④ ドラマが面白すぎて，**見ないよう**にするのが難しいです。 … 드라마가 너무 재미있어서 (　　　)가 힘들어요.

⑤ **書くこと**より**話すこと**がもっと上手です。 … (　　)보다 (　　)를 더 잘해요.

⑥ 揚げ物は太るため**食べるの**が嫌です。 … 튀김 요리는 살이 찌기 때문에 (　　　　).

CHECK解答 ①책 읽기입니다　②한국어 공부하기　③인터넷 사용하기　④안 보기　⑤쓰기/말하기
⑥먹기 싫어요

41 名詞+일 때　動詞・形容詞+(으)ㄹ 때　〜の時

解説 行動・状態が進行や継続している間を表します。動詞・形容詞（原形）の最後の「다」を取り，パッチムの有無で判断します。

| パッチム無 | -ㄹ 때 | パッチム有 | -을 때 | 過去形 | -았/었을 때 |

ポイント 一部の時間名詞に付くことがあります。

… 휴가 때（休みの時）／장마 때（梅雨の時）／아이 때（子どもの時）

아침, 점심, 저녁, 주말, 요일, 주, 오전, 오후 などの名詞には使えません。

【CHECK】

赤シートで隠し，活用を確認しましょう。

名詞	過去形	現在形
가수	가수였을 때	가수일 때
선생님	선생님이었을 때	선생님일 때

形容詞	過去形	現在形
크다	컸을 때	클 때
작다	작았을 때	작을 때
길다	길었을 때	길 때
덥다	더웠을 때	더울 때

動詞	過去形	現在形
가다	갔을 때	갈 때
먹다	먹었을 때	먹을 때
만들다	만들었을 때	만들 때
듣다	들었을 때	들을 때
돕다	도왔을 때	도울 때
짓다	지었을 때	지을 때

日本語に合わせて（　）に合った形を入れましょう。

① **お湯が沸く時**，麺を入れてください。　… （　　　　　　　） 면을 넣으세요.

② **本を読む時**，音楽を聞きます。　… （　　　　　　　） 음악을 들어요.

③ **疲れている時**，チョコレートを食べます。… （　　　　　） 초콜릿을 먹어요.

④ 木曜日が**休日の時**，金曜日に休暇をもらい旅行に行くつもりです。… 목요일이 （　　　　　　） 금요일에 휴가를 받아서 여행을 갈 거예요.

⑤ **家に着いた時**，誰もいませんでした。　… （　　　　　　　） 아무도 없었어요.

⑥ **髪が短かった時**，本当に楽でした。　… （　　　　　　　） 정말 편했어요.

42 | 名詞+(이)ㄴ데　動詞+는데　形容詞+(으)ㄴ데 | ①～が《対照》　②～のに《状況説明》
③～ので《紹介・説明》 |
|---|---|

解説 ① 前後を対照します。

② 後ろの行動や状態がどのような状況で起きたかを前で説明します。

③ 後ろの事柄を紹介したり説明したりする時に使う表現です。

接続法 形容詞（原形）の最後の「다」を取り，パッチムの有無で判断します。

名詞	-인데	形容詞	パッチム無	-ㄴ데	過去形	母音が ㅏとㅗ	-았는데
動詞	-는데		パッチム有	-은데		ㅏとㅗではない	-었는데

ポイント1 当然であることを話す時に使うと不自然になりがちなので注意しましょう。

… 도서관에 가서〔×갔는데〕공부를 했어요.

ポイント2 하다の付く動詞の現在形は「-하는데」で，形容詞では「-한데」になります。

動詞		形容詞	
공부하다 勉強する	공부하는데	필요하다 必要だ	필요한데
잘하다 上手だ	잘하는데	가능하다 可能だ	가능한데
못하다 下手だ	못하는데	깨끗하다 きれいだ	깨끗한데
좋아하다 好きだ	좋아하는데		

【CHECK】

✍ 赤シートで隠し，活用を確認しましょう。

名詞	過去形	現在形
가수	가수였는데	가수(인)데
선생님	선생님이었는데	선생님인데

動詞	過去形	現在形
가다	갔는데	가는데
하다	했는데	하는데
먹다	먹었는데	먹는데
만들다	만들었는데	만드는데
듣다	들었는데	듣는데
돕다	도왔는데	돕는데
짓다	지었는데	짓는데

形容詞	過去形	現在形
크다	컸는데	큰데
필요하다	필요했는데	필요한데
작다	작았는데	작은데
길다	길었는데	긴데
덥다	더웠는데	더운데
그렇다	그랬는데	그런데
재미있다	재미있었는데	재미있는데

🖊 日本語に合わせて（　　）に適当な語を入れましょう。

① 外は**暑い**けれど教室は涼しいです。　 … 밖은 （　　　　　） 교실은 시원해요.

② パソコンは**持ってきました**が充電器 … 컴퓨터는 （　　　　　　　　） 충전기를
を忘れてしまいました。　 잊어버렸어요.

③ **週末だったのに**人が多くいませんで … （　　　　　　　） 사람이 많지 않았어요.
した。

④ 机を**買いたい**のですが，どこに行け … 책상을 （　　　　　） 어디에 가면 돼요?
ばいいですか？

⑤ **引越しするつもり**ですが最近家賃が … （　　　　　　　　） 요즘 집값이 너무
高すぎます。　 비싸요.

🖊 次の単語を「(으)ㄴ/는데」の形に変えてください。

⑥ 좋아하다 … （　　　　　　）　⑯ 먹다　 … （　　　　　　）

⑦ 만나다　 … （　　　　　　）　⑰ 길다　 … （　　　　　　）

⑧ 크다　　 … （　　　　　　）　⑱ 만들다 … （　　　　　　）

⑨ 필요하다 … （　　　　　　）　⑲ 듣다　 … （　　　　　　）

⑩ 가깝다　 … （　　　　　　）　⑳ 잘하다 … （　　　　　　）

⑪ 건강하다 … （　　　　　　）　㉑ 주말　 … （　　　　　　）

⑫ 좋다　　 … （　　　　　　）　㉒ 돕다　 … （　　　　　　）

⑬ 재미있다 … （　　　　　　）　㉓ 멀다　 … （　　　　　　）

⑭ 작다　　 … （　　　　　　）　㉔ 부르다 … （　　　　　　）

⑮ 걷다　　 … （　　　　　　）　㉕ 못하다 … （　　　　　　）

43 名詞＋(이)지만　動詞・形容詞＋지만 ｜ ～けれど，～だが，～のに

解釈 対照の表現です。前の行動や状態と反対のことを表します。

接続法 動詞・形容詞（原形）の最後の「다」を取り，後ろに「지만」を付けます。

【CHECK】

🐰 赤シートで隠し，活用を確認しましょう。

名詞	過去形	現在形	未来形・推測
가수	가수였지만	가수(이)지만	가수일 거지만
선생님	선생님이었지만	선생님이지만	선생님일 거지만

動詞	過去形	現在形	未来形・推測
가다	갔지만	가지만	갈 거지만
먹다	먹었지만	먹지만	먹을 거지만

形容詞	過去形	現在形	未来形・推測
크다	컸지만	크지만	클 거지만
작다	작았지만	작지만	작을 거지만

🐰 日本語に合わせて（　）に適当な語を入れましょう。

① 韓国語の勉強は**面白いけれ** ⋯ 한국어 공부는 (　　　　　) 발음이 어려워요.
ど発音が難しいです。

② 私は**背が低いけれど弟／妹** ⋯ 저는 (　　　　　) 동생은 키가 커요.
は背が高いです。

③ 先生は**韓国人なのに日本語が** ⋯ 선생님은 (　　　　　) 일본어를 잘해요.
上手です。

④ **天気が暑かったのに公園には** ⋯ (　　　　　) 공원에는 사람이 많았어요.
人が多かったです。

⑤ 友人に**電話をしたけれど出ま** ⋯ 친구에게 (　　　　　) 받지 않았어요.
せんでした。

⑥ 来年，**留学に行く予定なのに** ⋯ 내년에 (　　　　　) 아직 준비를
まだ準備をしていません。 안 했어요.

CHECK 解答 ①재미있지만　②키가 작지만　③한국 사람이지만　④날씨가 더웠지만
⑤전화를 했지만　⑥유학을 갈 거지만

44 動詞 +(으)면서　　　　　～ながら

解釈 前後の行動や状態が同時に起こることを表す付帯状況の表現です。

接続法 動詞（原形）の最後の「다」を取り，パッチムの有無で判断します。

パッチム無	–면서	パッチム有	–으면서

ポイント① 前後の主語は同じになります。主語が異なる場合は「-는 동안에」を使います。

… **아버지가 신문을 읽으면서 (아버지가) 밥을 먹어요.**
（父が新聞を**読みながら**（父が）ご飯を食べます。）

… **아버지가 신문을 읽는 동안에 동생이 밥을 먹어요.**
（父が新聞を**読む間に**弟／妹がご飯を食べます。）

ポイント② 過去の表現「-았/었-」や未来の表現「-(으)ㄹ 거다」「-겠-」とは接続できません。

… **음식을 만들면서〔×만들었으면서〕음악을 들었어요.**
（料理を**作りながら**音楽を聞きました。）

… **음식을 만들면서〔×만들 거면서〕음악을 들을 거예요.**
（料理を**作りながら**音楽を聞くつもりです。）

【CHECK】

✐ 赤シートで隠し，活用を確認しましょう。

動詞		動詞	
가다	가면서	듣다	들으면서
먹다	먹으면서	돕다	도우면서
만들다	만들면서	짓다	지으면서

✐ 日本語に合わせて（　）に適当な語を入れましょう。

① 携帯電話を**見ながら**歩くと危ないです。　… 휴대 전화를 （　　　） 걸으면 위험해요.

② 先生の話を**聞きながら**ノートに内容 … 선생님의 이야기를 （　　　） 공책에 내용
を書き込みました。　　　　　　　　　을 썼어요.

③ **運転しながら**電話してはいけません。 … （　　　） 전화하면 안 돼요.

④ 韓国で**暮らしながら**つらくなかったで … 한국에서 （　　　） 힘들지 않았어요?
すか？

⑤ 学校に**通いながら**バイトをしました。　… 학교에 （　　　） 아르바이트를 했어요.

---

①보면서　②들으면서　③운전하면서　④살면서　⑤다니면서

CHECK 解答

45 名詞＋(이)나　動詞・形容詞＋거나　　〜たり，〜や，〜だの

解釈 どちらか一つや全部を選択することを表します。選択肢は２つだけではなく，３つ
以上になってもかまいません。

接続法 動詞・形容詞（原形）の最後の「다」を取り，後ろに「거나」を付けます。また，
名詞はパッチムの有無で判断します。（「《助詞編》**16** 名詞＋(이)나」参照）

名詞		
パッチム**無**	-나	
パッチム**有**	-이나	

動詞・形容詞		
パッチム**無**	-거나	
パッチム**有**	-거나	

ポイント 過去の単発的な出来事には使いません。過去の習慣や反復的にしたことに使えます。

⋯ 지난 주말에 친구도 만나고〔×거나〕 영화도 봤어요.
（先週末に友達にも**会って**映画も見ました。）

⋯ 학생 때 시험이 끝나면 (보통) 노래방에 가거나 떡볶이를 먹으러 갔어요.
（学生の時，試験が終わると〔だいたい〕カラオケに**行ったり**トッポッキを食べに行ったりしました。）

【CHECK】

赤シートで隠し，活用を確認しましょう。

名詞		動詞		形容詞	
가수	가수나	가다	가거나	작다	작거나
선생님	선생님이나	만들다	만들거나	춥다	춥거나
		듣다	듣거나	빨갛다	빨갛거나
		짓다	짓거나		

日本語に合わせて（　）に適当な語を入れましょう。

① 週末は**友達と会ったり**映画を　⋯　주말에는 (　　　　　　　　) 영화를 봐요.
見ます。

② ストレスが溜まると**お酒を飲**　⋯　스트레스가 쌓이면 (　　　　　　)
んだり運動をします。　　　　　　운동을 해요.

③ 気になることがあれば**先生に聞い**　⋯　궁금한 것이 있으면 (　　　　　　　)
てみたりネットで調べてください。　인터넷에서 찾아보세요.

④ **天気が寒かったり**雨が降った　⋯　(　　　　　　　) 비가 오면 소풍을
りすると遠足は中止します。　　　취소할 거예요.

⑤ 私は**チョコレートや**ケーキが　⋯　저는 (　　　　　　) 케이크를 먹고 싶어요.
食べたいです。

CHECK 解答 ①친구를 만나거나　②술을 마시거나　③선생님에게 물어보거나　④날씨가 춥거나
⑤초콜릿이나

46 名詞+**인 것 같다**　動詞・形容詞+**(으)ㄴ 것 같다**　～ようだ，～みたい，～らしい

解説 ① いくつかの状況からあることを推測する表現です。

② 話し手の意見や考えを強く断定的には言わず，湾曲的に表現します。

接続法 動詞・形容詞を連体形にし，後ろに「**것 같다**」を付けます。（「**20** 連体形」参照）

名詞 パッチムの有無関係なし　現在 -**인 것 같다**　未来 -**일 것 같다**

【CHECK】

✍ 赤シートで隠し，活用を確認しましょう。

名詞	現在形	未来形・推測
가수	가수인 것 같습니다	가수일 것 같습니다
선생님	선생님인 것 같습니다	선생님일 것 같습니다

動詞	過去形	現在形	未来形・推測
가다	간 것 같습니다	가는 것 같습니다	갈 것 같습니다
먹다	먹은 것 같습니다	먹는 것 같습니다	먹을 것 같습니다
만들다	만든 것 같습니다	만드는 것 같습니다	만들 것 같습니다
듣다	들은 것 같습니다	듣는 것 같습니다	들을 것 같습니다
돕다	도운 것 같습니다	돕는 것 같습니다	도울 것 같습니다
짓다	지은 것 같습니다	짓는 것 같습니다	지을 것 같습니다

形容詞	現在形	未来形・推測
크다	큰 것 같습니다	클 것 같습니다
작다	작은 것 같습니다	작을 것 같습니다
길다	긴 것 같습니다	길 것 같습니다
덥다	더운 것 같습니다	더울 것 같습니다
그렇다	그런 것 같습니다	그럴 것 같습니다

✍ 日本語に合わせて（　）に適当な語を入れましょう。

① 今晩，雨が降りそうです。　… 오늘 저녁에 (　　　　　　　).

② 先生は趣味が**読書**らしいです。　… 선생님은 취미가 (　　　　　　　).

③ お腹がいっぱい過ぎてもう**食べら … 너무 배가 불러서 더 (　　　　　　　).
れそうにありません。**

④ 今出発しますが道がすごく混んで … 지금 출발하는데 길이 많이 막혀서
いて**遅れそうです。** 　　　(　　　　　　　).

①비가 올 것 같아요　②독서일 것 같습니다　③못 먹을 것 같아요　④늦을 것 같습니다　◀ CHECK 解答

87

47 形容詞 **+아/어 보이다** | ～くみえる，～にみえる

解説 見た目や雰囲気で感じたことを推測します。

接続法 形容詞（原形）は最後の「다」を取り，母音で判断します。

母音が ㅏとㅗ	-아 보이다		-아 보여요	-아 보입니다
ㅏとㅗではない	-어 보이다	✓ 양	-어 보여요	-어 보입니다
하다が付く	-해 보이다		-해 보여요	-해 보입니다

ポイント① 動詞と結合すると「～くみえる」ではなく，使役の「～てみせる」の意味になります。

… **친구에게 도움을 받지 않고 혼자서 해 보일 거예요.**
（友人の助けを受けず，ひとりでやってみせます。）

ポイント② 一部の形容詞は「-게 보이다」を使う場合もありますが，大きな意味の差はありません。

… **음식이 참 맛있어/맛있게 보여요.**（料理が実においしそうにみえます。）

【CHECK】

✍ 赤シートで隠し，活用を確認しましょう。

形容詞	-아/어 보입니다	過去形	形容詞	-아/어 보여요	未来形・推測
싸다	싸 보입니다	싸 보였습니다	**작다**	작아 보여요	작아 보일 거예요
어리다	어려 보입니다	어려 보였습니다	**멀다**	멀어 보여요	멀어 보일 거예요
크다	커 보입니다	커 보였습니다	**가깝다**	가까워 보여요	가까워 보일 거예요
다르다	달라 보입니다	달라 보였습니다	**빨갛다**	빨개 보여요	빨개 보일 거예요
친절하다	친절해 보입니다	친절해 보였습니다			

✍ 日本語に合わせて（　）に適当な語を入れましょう。

① 最近，結構忙しいですか？ ちょっ　… **요즘 많이 바빠요? 좀 (　　　　다).**
と疲れているようにみえます。

② 髪を切りましたか。若くみえます。　… **머리를 잘랐어요? (　　　요).**

③ 縦縞模様の服を着るとスマートに　… **세로줄 무늬 옷을 입으면**
みえるでしょう。　**(　　　　　요).**

④ 地図で見た時は近く見えたのに思っ　… **지도에서 봤을 때는 (　　　　데)**
たより遠いです。　**생각보다 멀어요.**

⑤ 何かいいことでもありましたか？　… **무슨 좋은 일 있어요?**
気分がいいようにみえますね。　**(　　　　　네요).**

CHECK 解答 ①피곤해 보입니다　②어려 보여요　③날씬해 보일 거예요　④가까워 보였는데
⑤기분이 좋아 보이네요

48 動詞 + (으)려면　　　　　~しようとすると, ~には

解説 「-(으)려고 하면」の縮約形です。前述の行動や動作をする意志や意向がある場合, 後述の行動が前提となります。

活用法 動詞 (原形) は最後の「다」を取り, パッチムの有無で判断します。

パッチム無　-려면　　　　　パッチム有　-으려면

【CHECK】

赤シートで隠し, 活用を確認しましょう。

動詞	
가다	가려면
먹다	먹으려면
만들다	만들려면

動詞	
듣다	들으려면
돕다	도우려면
짓다	지으려면

日本語に合わせて (　　) に適当な語を入れましょう。

① **医者になるには**勉強を一生懸命に … (　　　　　　　) 공부를 열심히 해야 해요.
　しなければなりません。

② **通帳を作ろうとしたら**身分証が必 … (　　　　　　　) 신분증이 필요합니다.
　要です。

③ **セミナーを聞くには**まず登録をして … (　　　　　　　) 먼저 등록을 하세요.
　ください。

④ **9時の飛行機に乗るには**家で5時 … (　　　　　　　) 집에서 5시에
　に出発するのがよさそうです。　　　출발하는 게 좋겠어요.

⑤ **外国語が上手になりたければ**, そ … (　　　　　　　) 그 나라 사람과
　の国の人と友達になってください。　　친구가 되십시오.

49 動詞・形容詞 ＋ 아/어야 하다/되다 ｜ 〜なければならない，〜なくてはいけない

解説 義務や必要であることを表します。

接続法 動詞・形容詞（原形）の最後の「다」を取り，最後の母音で判断します。時制は後ろの「하다/되다」を活用します。

| 母音が ㅏ と ㅗ | -아야 하다/되다 | ㅏ と ㅗ ではない | -어야 하다/되다 |

| 하다 が付く | -해야 하다/되다 | 過去形 | -아/어야 했다/됐다 |

ポイント 「하다」「되다」は同じ意味ですが，話し手の心情によって区別する場合もあります。

⋯ 今日は勉強しなければなりません。

오늘은 공부해야 해요. 〔勉強を義務的にする事実を述べる／したいのでする〕

오늘은 공부해야 돼요. 〔勉強したくない／嫌な気持ちがこもっている〕

━━━━━━━━━━━━━【CHECK】━━━━━━━━━━━━━

📝 赤シートで隠し，活用を確認しましょう。

動詞	-아/어야 해요
가다	가야 해요
마시다	마셔야 해요
쓰다	써야 해요
자르다	잘라야 해요
하다	해야 해요

動詞	-아/어야 돼요
먹다	먹어야 돼요
만들다	만들어야 돼요
듣다	들어야 돼요
돕다	도와야 돼요
짓다	지어야 돼요

形容詞	-아/어야 해요
싸다	싸야 해요
어리다	어려야 해요
크다	커야 해요
다르다	달라야 해요
친절하다	친절해야 해요

形容詞	-아/어야 돼요
크다	커야 돼요
작다	작아야 돼요
길다	길어야 돼요
덥다	더워야 돼요
그렇다	그래야 돼요

📝 日本語に合わせて（　　　）に適当な語を入れましょう。

① モデルになりたいなら**背が高**くなければいけません。 ⋯ 모델이 되고 싶으면 (　　　　　요).

② 明日，テストがあるので今日は**勉強しなければなりません。** ⋯ 내일 시험이 있어서 오늘은 (　　　　　요).

③ この薬は朝，晩に一日に二回食後に**飲まなければいけません。** ⋯ 이 약은 아침, 저녁으로 하루에 2번 식후에 (　　　다).

④ 前もって**連絡をしなければなり**ませんでした。 ⋯ 미리 (　　　　　　다).

CHECK 解答 ①키가 커야 해요　②공부해야 돼요　③먹어야 합니다　④연락을 해야 됐습니다

50 動詞・形容詞+**아/어도 되다**　　　〜（し）てもいい

解説 行動や状態の許可や容認を表します。

接続法 動詞・形容詞（原形）の最後の「다」を取り，最後の母音で判断します。

母音が ㅏ と ㅗ	-아도 되다		ㅏ と ㅗ ではない	-어도 되다
하다が付く	-해도 되다		過去形	-아어도 됐다

ポイント 返答する時，肯定の場合は「-아/어도 되다」や「-(으)세요」を，否定の場合は
「-(으)면 안 되다」「-지 마세요」をよく使います。

… 문을 열어도 됩니까? （ドアを開けてもいいですか？）

－네. 열어도 됩니다／여세요. （はい。開けてもいいです／開けてください。）

－아니요. 열면 안 됩니다／열지 마세요. （いいえ。開けてはいけません／開けないでください。）

【CHECK】

🖋 赤シートで隠し，活用を確認しましょう。

動詞		動詞	
가다	가도 됩니다/돼요	먹다	먹어도 됩니다/돼요
마시다	마셔도 됩니다/돼요	만들다	만들어도 됩니다/돼요
쓰다	써도 됩니다/돼요	듣다	들어도 됩니다/돼요
자르다	잘라도 됩니다/돼요	돕다	도와도 됩니다/돼요
하다	해도 됩니다/돼요	짓다	지어도 됩니다/돼요

形容詞		形容詞	
싸다	싸도 됩니다/돼요	크다	커도 됩니다/돼요
어리다	어려도 됩니다/돼요	작다	작아도 됩니다/돼요
크다	커도 됩니다/돼요	길다	길어도 됩니다/돼요
다르다	달라도 됩니다/돼요	덥다	더워도 됩니다/돼요
친절하다	친절해도 됩니다/돼요	그렇다	그래도 됩니다/돼요

🖋 日本語に合わせて（　）に適当な語を入れましょう。

① 暑ければエアコンを**付けて**もいいですよ。… 더우면 에어컨을 （　　　　다）.

② 子犬が気に入ったら**触って**もいいですよ。… 강아지가 마음에 들면 （　　　　요）.

③ 飲み物は**飲んで**もいいですよ。　… 음료수는 （　　　　다）.

④ 授業時間に辞書を**使って**もいいですか？… 수업 시간에 사전을 （　　　　요）?

⑤ 服は**試着して**もいいですよ。　… 옷은 （　　　　다）.

51 動詞・形容詞 +(으)면 안 되다 | ～（し）てはいけない，だめだ

解説 禁止の表現です。行動や状態が許容されないことを表します。

接続法 動詞・形容詞（原形）の最後の「다」を取り，パッチムの有無で判断します。

| パッチム無 | -면 안 되다 | -면 안 됩니다 | -면 안 돼요 |
| パッチム有 | -으면 안 되다 | -으면 안 됩니다 | -으면 안 돼요 |

ポイント 二重否定である「-지 않으면 안 되다」は「必ずしなければならないこと」をより
強調する時に使います。（「**49** 動詞・形容詞 +아/어야 하다/되다」の強調。）

…▶ 보고서를 내일까지 제출하지 않으면 안 됩니다〔=제출해야 합니다〕.
  （報告書を明日までに提出しなければなりません。）

【CHECK】

❦ 赤シートで隠し，活用を確認しましょう。

動詞	現在形	形容詞	現在形
가다	가면 안 됩니다/돼요	싸다	싸면 안 됩니다/돼요
먹다	먹으면 안 됩니다/돼요	작다	작으면 안 됩니다/돼요
만들다	만들면 안 됩니다/돼요	길다	길면 안 됩니다/돼요
듣다	들으면 안 됩니다/돼요	덥다	더우면 안 됩니다/돼요
돕다	도우면 안 됩니다/돼요	그렇다	그러면 안 됩니다/돼요
짓다	지으면 안 됩니다/돼요		

❦ 日本語に合わせて（　）に適当な語を入れましょう。

① 試験を受ける時に隣の人の
  答えを見てはいけません。 …▶ 시험 볼 때 옆 사람의 (　　　　　　요).

② ここでは**タバコを吸っては**
  いけません。 …▶ 여기에서는 (　　　　　　다).

③ 今，**出かけてはいけません。** …▶ 지금 (　　　　요).

④ 緑茶をいれる時にお湯は**熱す**
  ぎてはいけません。 …▶ 녹차를 끓일 때 물이 (　　　　　　다).

⑤ とてもお腹が空いたのですが，
  先に**食べてはいけませんか**？ …▶ 너무 배가 고픈데 먼저 (　　　　　까)?

CHECK 解答 ①답을 보면 안 돼요　②담배를 피우면 안 됩니다　③나가면 안 돼요
④너무 뜨거우면 안 됩니다　⑤먹으면 안 됩니까

52 動詞・形容詞 + **아/어야겠다**　　　〜（し）なくちゃ，（し）なきゃ

解釈「-아/어야 하겠다」の縮約形です。「ある行動を必ずする」「ある状態でないといけない」という意志を表します。

活用法 動詞・形容詞（原形）の最後の「다」を取り，最後の母音で判断します。

母音が ㅏ と ㅗ	-아야겠다	-아야겠습니다	-아야겠어요
ㅏ と ㅗ ではない	-어야겠다	-어야겠습니다	-어야겠어요
하다が付く	-해야겠다	-해야겠습니다	-해야겠어요

【CHECK】

赤シートで隠し，活用を確認しましょう。

動詞	-아/어야겠습니다	形容詞	-아/어야겠어요
가다	가야겠습니다	싸다	싸야겠어요
마시다	마셔야겠습니다	어리다	어려야겠어요
쓰다	써야겠습니다	크다	커야겠어요
자르다	잘라야겠습니다	다르다	달라야겠어요
하다	해야겠습니다	친절하다	친절해야겠어요
먹다	먹어야겠습니다	작다	작아야겠어요
만들다	만들어야겠습니다	길다	길어야겠어요
듣다	들어야겠습니다	덥다	더워야겠어요
돕다	도와야겠습니다	그렇다	그래야겠어요
짓다	지어야겠습니다		

日本語に合わせて（　）に適当な語を入れましょう。

① 今予約すると割引をしてもらえます。—家に帰ってすぐ**予約しなくちゃ**。 … 지금 예약하면 할인을 받을 수 있어요. —집에 가서 바로 （　　　　다）.

② とてもお腹が空いたから授業が終わったらご飯を食べなくちゃ。 … 너무 배가 고파서 수업이 끝나면 （　　　　요）.

③ 部屋が暑いです。**エアコンを付けなく**ちゃ。 … 방이 더워요. （　　　　다）.

④ ちょっとしょっぱいから**水を入れなく**ちゃ。 … 좀 짜니까 （　　　　요）.

① 예약해야겠습니다　② 밥을 먹여야겠어요　③ 에어컨을 켜야겠습니다
④ 물을 넣어야겠어요

CHECK 解答

93

53 動詞+(으)ㄹ게요　　　～します

解説 自分の意志や意図，誓いを相手に約束する表現です。

接続法 動詞（原形）の最後の「다」を取り，パッチム有無で判断します。

| パッチム無 | -ㄹ게요 | | パッチム有 | -을게요 |

ポイント① 会話でよく用います。また，습니다体にする場合，「-겠습니다」の形にします。

… 잘 먹겠습니다.（いただきます。）

ポイント② 意志がある動詞のみ使えます。無意志動詞や形容詞には使えません。

… 비가 올 거예요〔✕올게요〕.（雨が降りそうです。）

… 2시 이후에는 연락이 가능할 거예요〔✕가능할게요〕.
（2時以降には連絡が可能だと思います。）

ポイント③ 主語は1人称のみ可能です。

… 1人称 제가 전화할게요.（私が電話します。）

… 3人称 동생이 전화할 거예요.（弟／妹が電話すると思います。）

ポイント④ 質問には使えません。

【CHECK】

赤シートで隠し，活用を確認しましょう。

動詞			動詞	
가다	갈게요		듣다	들을게요
먹다	먹을게요		돕다	도울게요
만들다	만들게요		짓다	지을게요

日本語に合わせて（　）に適当な語を入れましょう。

① 宿題は私が先生に**提出します**。　… 숙제는 제가 선생님에게 (　　　　).

② 電話は私が**受けます**。料理を続けてください。　… 전화는 제가 (　　　　). 요리 계속하세요.

③ 家に到着したら**電話します**。　… 집에 도착하면 (　　　　).

④ 明日までには**完成します**。　… 내일까지는 (　　　　).

⑤ 次からは両親の話もよく**聞きます**。　… 다음부터는 부모님 말씀도 잘 (　　　　).

CHECK 解答 ①제출할게요 ②받을게요 ③전화할게요 ④완성할게요 ⑤들을게요

54 名詞+(이)지요? 動詞・形容詞+지요?　｜　〜でしょう，〜ですよね

解析 話し手が知っていることを相手に確認したい時に使う表現で，疑問文として用います。

接続法 動詞・形容詞（原形）の最後の「다」を取り，後ろに「-지요?」を付けます。会話では縮約形である「-죠?」を使う場合もあります。

ポイント 推測は「-(으)ㄹ 거다」よりは「-겠-」を用いて話す場合が多いです。

… 이 옷은 사이즈가 좀 작을 거지요?〔△〕
… 이 옷은 사이즈가 좀 작겠지요?〔○〕
（この服はサイズがちょっと小さいでしょう？）

[CHECK]

🖉 赤シートで隠し，活用を確認しましょう。

名詞	過去形	現在形	未来形・推測
가수	가수였지요	가수지요	가수일 거지요
선생님	선생님이었지요	선생님이지요	선생님일 거지요

動詞	過去形	現在形	未来形・推測
가다	갔지요	가지요	갈 거지요
먹다	먹었지요	먹지요	먹을 거지요

形容詞	過去形	現在形	未来形・推測
크다	컸지요	크지요	클 거지요
작다	작았지요	작지요	작을 거지요

🖉 日本語に合わせて（　　）に適当な語を入れましょう。

① 今日，天気がとても**暑いでしょう**？ … 오늘 날씨가 너무 (　　　)?

② 授業が終わった後に図書館へ行って**勉強するつもりでしょう**？ … 수업이 끝난 후에 도서관에 가서 (　　　　)?

③ あの人が初級クラスの**先生ですよね**？ … 저 사람이 초급반 (　　　　)?

④ 韓国料理も**作れるんでしょう**？ … 한국 요리도 (　　　　)?

⑤ 新大久保に人が**多かったでしょう**？ ―はい。多すぎて歩きにくかったです。 … 신오쿠보에 (　　　　)? ―네. 너무 많아서 걷기 힘들었어요.

⑥ 明日見る映画は**面白いでしょうね**？ … 내일 볼 영화가 (　　　　)?

---

①덥지요　②공부할 거지요　③선생님이지요　④만들 수 있지요　⑤사람이 많았지요 ◀CHECK 解答
⑥재미있겠지요

55 名詞＋(이)군요　動詞・形容詞＋(는)군요　～ですね

解說 話し手が直接経験したり新しい情報を得たりして感嘆や驚嘆したことを表します。

接続 動詞・形容詞（原形）の最後の「다」を取り，動詞は「-는군요」，形容詞は「-군요」を後ろに付けます。名詞はパッチムの有無で判断します。

名詞	パッチム無	-군요	動詞	パッチム無	-는군요	形容詞	パッチム無	-군요
	パッチム有	-이군요		パッチム有	-는군요		パッチム有	-군요

(CHECK)

赤シートで隠し，活用を確認しましょう。

名詞	過去形	現在形	未来形・推測
가수	가수였군요	가수군요	가수일 거군요
선생님	선생님이었군요	선생님이군요	선생님일 거군요

動詞	過去形	現在形	未来形・推測
가다	갔군요	가는군요	갈 거군요
먹다	먹었군요	먹는군요	먹을 거군요
하다	했군요	하는군요	할 거군요
만들다	만들었군요	만드는군요	만들 거군요

形容詞	過去形	現在形	未来形・推測
크다	컸군요	크군요	클 거군요
작다	작았군요	작군요	작을 거군요
중요하다	중요했군요	중요하군요	중요할 거군요
길다	길었군요	길군요	길 거군요

日本語に合わせて（　　）に適当な語を入れましょう。

① 韓国語を習う人が本当に**多い**ですね。　…▸ 한국어를 배우는 사람이 정말 (　　　　).

② 試験の成績が本当に**いい**ですね。　…▸ 시험을 정말 (　　　　).

③ 料理が**下手**ですね。　…▸ 요리를 (　　　　).

④ 今日は**秋夕**〔チュソク〕ですね。　…▸ 오늘이 (　　　　).

⑤ 明日から１か月間休みです。
　—本当に**いい**〔うらやましい〕ですね。　내일부터 한 달 동안 휴가예요.
　—정말 (　　　　).

56 名詞＋(이)네요　動詞・形容詞＋네요　　～ですね

解説 ① 話し手が直接経験したり新情報を得たりすることで感嘆や驚きを表します。

② 相手の話に同意する時に用います。

接続法 動詞・形容詞（原形）の最後の「다」を取り，後ろに「-네요」を付けます。名詞の場合，パッチムの有無で判断します。

名詞
| パッチム**無** | -네요 |
| パッチム**有** | -이네요 |

動詞・形容詞
| パッチム**無** | -네요 |
| パッチム**有** | -네요 |

ポイント -(는)군요 VS -네요

「-(는)군요」は自分が確認できない過去のことを今現在知った時や直接経験していないことに対しても使えますが，「네요」は使えません。

⋯ **어제 수업이 정말 재미있었어요.** （昨日，授業が本当に面白かったです。）

—**어제도** 재미있었군요〔×재미있었네요〕**.** （昨日も面白かったようですね。）

【CHECK】

🖉 赤シートで隠し，活用を確認しましょう。

名詞	過去形	現在形	未来形・推測
가수	가수였네요	가수네요	가수일 거네요
선생님	선생님이었네요	선생님이네요	선생님일 거네요

動詞	過去形	現在形	未来形・推測
가다	갔네요	가네요	갈 거네요
만들다	만들었네요	만드네요	만들 거네요

形容詞	過去形	現在形	未来形・推測
크다	컸네요	크네요	클 거네요
작다	작았네요	작네요	작을 거네요

🖉 日本語に合わせて（　）に適当な語を入れましょう。

① 教室がちょっと**寒いですね**。　　⋯ 교실이 좀 （　　　）.

② ワンピースがよく**お似合いですね**。　⋯ 원피스가 잘 （　　　）.

③ この映画は**人気がすごいですね**。　⋯ 이 영화가 （　　　）.

④ もう韓国に来てから1年になりましたね。⋯ 벌써 한국에 온 지 （　　　）.

①춥네요　②어울리네요　③인기가 많네요　④1년이 됐네요　　**CHECK解答**

57 動詞＋(으)ㄴ ^V지　　　　　　　　　〜てから

解釈 事態・事件発生からの時間の経過を表します。後に来る文は期間と関係のある表現を用います。

活用法 動詞（原形）の最後の「다」を取り，パッチムの有無で判断します。「-(으)ㄴ」と「지」の間は必ず空けましょう。

| パッチム無 | -ㄴ 지 | | パッチム有 | -은 지 |

【CHECK】

🖊 赤シートで隠し，活用を確認しましょう。

動詞	
가다	간 지
먹다	먹은 지
만들다	만든 지

動詞	
듣다	들은 지
돕다	도운 지
짓다	지은 지

🖊 日本語に合わせて（　　）に適当な語を入れましょう。

① 韓国に来てから3年になりました。 … （　　　　　）3년이 되었습니다.

② 今の会社に勤めてからどれぐらいになりますか。 … 지금（　　　　　）얼마나 되었어요?

③ 今の彼氏と付き合ってから6か月になりました。 … 지금（　　　　　）6개월 됐어요.

④ 授業が始まってから10分が過ぎました。 … （　　　　　）10분이 지났습니다.

⑤ 大学を卒業してから15年を越えました。 … （　　　　　）15년이 넘었습니다.

58 名詞＋(이)면 좋겠다　動詞・形容詞＋(으)면 좋겠다　～たらいい，～てほしい

[解説] 自分の希望・願望を表します。

[接続法] 動詞・形容詞（原形）の最後の「다」を取り，パッチムの有無で判断します。願望を
強調して話す時には過去形を用います。

名詞	パッチム無	-면 좋겠다
	パッチム有	-이면 좋겠다

動詞・形容詞	パッチム無	-면 좋겠다
	パッチム有	-으면 좋겠다

【CHECK】

✍ 赤シートで隠し，活用を確認しましょう。

名詞	過去形	現在形
가수	가수였으면 좋겠습니다/좋겠어요	가수면 좋겠습니다/좋겠어요
선생님	선생님이었으면 좋겠습니다/좋겠어요	선생님이면 좋겠습니다/좋겠어요

動詞	過去形	現在形
가다	갔으면 좋겠습니다/좋겠어요	가면 좋겠습니다/좋겠어요
만들다	만들었으면 좋겠습니다/좋겠어요	만들면 좋겠습니다/좋겠어요
듣다	들었으면 좋겠습니다/좋겠어요	들으면 좋겠습니다/좋겠어요
짓다	지었으면 좋겠습니다/좋겠어요	지으면 좋겠습니다/좋겠어요

形容詞	過去形	現在形
작다	작았으면 좋겠습니다/좋겠어요	작으면 좋겠습니다/좋겠어요
덥다	더웠으면 좋겠습니다/좋겠어요	더우면 좋겠습니다/좋겠어요
빨갛다	빨갰으면 좋겠습니다/좋겠어요	빨가면 좋겠습니다/좋겠어요

✍ 日本語に合わせて（　）に適当な語を入れましょう。

① 今年は**給料が上がった**らいいですね。　… 올해 (　　　　　　　　다).

② 映画が**面白かった**らいいね。　… 영화가 (　　　　　　다).

③ 来週，試験を受けますが，**試験問題が** … 다음 주에 시험을 보는데
簡単だったらいいですね。　(　　　　　　요).

④ 明日，遠足に行くから**雨が降らないで** … 내일 소풍을 가니까
ほしいですね。　(　　　　　　다).

⑤ 私も**お金持ちだった**らいいですね。　… 저도 (　　　　요).

---

① 월급이 오르면 좋겠습니다　② 재미있으면 좋겠습니다
③ 시험 문제가 쉬웠으면 좋겠어요　④ 비가 안 왔으면 좋겠습니다
⑤ 부자였으면 좋겠어요

◀ CHECK 解答

動詞と形容詞の活用まとめ

「아/어」と接続する時の活用法

解説 基本的に原形の「다」を取る時にすべての変化が起きます。「다」を取り，最後の文字の母音を見て判断します。「5 -아/어요」を例に接続の仕方をもう一度確認していきましょう。

✍ パッチムがない場合

母音で判断します。

▶ 가다　　　「行く」　　　…　　　가＋아요 …→ ①（　　　　　　）

▶ 오다　　　「来る」　　　…　　　오＋아요 …→ ②（　　　　　　）

▶ 배우다　　「習う」　　　…　　　배우＋어요 …→ ③（　　　　　　）

▶ 서다　　　「立つ」　　　…　　　서＋어요 …→ ④（　　　　　　）

▶ 쉬다　　　「休む」　　　…　　　쉬＋어요 …→ ⑤（　　　　　　）

▶ 공부하다「勉強する」　　　　　공부해요 …→ ⑥（　　　　　　）

▶ 깨끗하다「きれいだ」　　　　　깨끗해요 …→ ⑦（　　　　　　）

以下は縮約してもしなくてもどちらでもいい単語です。

▶ 보다　　　「見る」　　　…　　　보＋아요 …→ ⑧（　　　　　　）

▶ 주다　　　「あげる」　　…　　　주＋어요 …→ ⑨（　　　　　　）

▶ 되다　　　「なる」　　　…　　　되＋어요 …→ ⑩（　　　　　　）

✍ パッチムがない／母音が「ㅣ」の場合

「ㅣ」と「어요」が縮約され「ㅕ요」になります。

▶ 마시다　　「飲む」　　　…　　　마시＋어요 …→ ⑪（　　　　　　）

▶ 기다리다「待つ」　　　… 기다리＋어요 …→ ⑫（　　　　　　）

✍ パッチムがない／母音が「애」の場合

「ㅐ요」になります。

▶ 보내다　　「送る」　　　…　　　보내＋어요 …→ ⑬（　　　　　　）

▶ 지내다　　「過ごす」　　…　　　지내＋어요 …→ ⑭（　　　　　　）

CHECK 解答　▶ ①가요　　②와요　　③배워요　　④서요　　⑤쉬어요
⑥공부해요　⑦깨끗해요　⑧보아요/봐요　⑨주어요/줘요　⑩되어요/돼요
⑪마셔요　⑫기다려요　⑬보내요　⑭지내요

脱落した後の母音で判断します（[ㅡ] 脱落）。

▶ 크다　　「大きい」　　　　　…　ㅋ＋어요 … ① （　　　）
▶ 바쁘다　「忙しい」　　　　　…　바쁘＋아요 … ② （　　　）
▶ 예쁘다　「かわいい，きれいだ」…　예쁘＋어요 … ③ （　　　）

「ㅡ」脱落，パッチム「ㄹ」が付きます。脱落した後の母音で判断する（「ㄹ」不規則），
単語ごとに覚えましょう。

▶ 고르다　「選ぶ」　　　　　…　골ㄹ＋아요 … ④ （　　　）
▶ 자르다　「切る」　　　　　…　잘ㄹ＋아요 … ⑤ （　　　）
▶ 부르다　「歌う，呼ぶ」　　…　불ㄹ＋어요 … ⑥ （　　　）

母音で判断します。

▶ 작다　　「小さい」　　　　…　작＋아요 … ⑦ （　　　）
▶ 많다　　「多い」　　　　　…　많＋아요 … ⑧ （　　　）
▶ 먹다　　「食べる」　　　　…　먹＋어요 … ⑨ （　　　）
▶ 있다　　「ある，いる」　　…　있＋어요 … ⑩ （　　　）
▶ 만들다　「作る」　　　　　…　만들＋어요 … ⑪ （　　　）

「ㄷ」が「ㄹ」になります（ㄷ不規則）。初級では以下３つを覚えておきましょう（動詞のみ）。

▶ 듣다　　「聞く」　　　　　…　들＋어요 … ⑫ （　　　）
▶ 묻다　　「尋ねる」　　　　…　물＋어요 … ⑬ （　　　）
▶ 걷다　　「歩く」　　　　　…　걸＋어요 … ⑭ （　　　）

規則的な変化をする単語もあります。

▶ 받다　　「受け取る」　　　…　받＋아요 … ⑮ （　　　）
▶ 닫다　　「閉める」　　　　…　닫＋아요 … ⑯ （　　　）

---

①커요	②바빠요	③예뻐요	④골라요	⑤잘라요	⑥불러요
⑦작아요	⑧많아요	⑨먹어요	⑩있어요	⑪만들어요	⑫들어요
⑬물어요	⑭걸어요	⑮받아요	⑯닫아요		

◀ CHECK 解答

😺 パッチム「ㅂ」の場合

「ㅂ」が「오」や「우」に変化します（ㅂ不規則）。「ㅂ」が「오」に変わる単語は「돕다（手伝う／助ける）/곱다（きれいだ／麗しい）」の２つです。

- ▶ 돕다　　「手伝う」　　　⋯→　　도오＋아요 ⋯→（①　　　　　　　　）
- ▶ 곱다　　「きれいだ，麗しい」⋯→　　고오＋아요 ⋯→（②　　　　　　　　）
- ▶ 줍다　　「拾う」　　　⋯→　　주우＋어요 ⋯→（③　　　　　　　　）
- ▶ 덥다　　「暑い」　　　⋯→　　더우＋어요 ⋯→（④　　　　　　　　）
- ▶ 가깝다　「近い」　　⋯→ 가까우＋어요 ⋯→（⑤　　　　　　　　）

規則的な変化をする単語もあります。初級では以下の２つを覚えておきましょう。

- ▶ 입다　　「着る」　　　⋯→　　입＋어요 ⋯→（⑥　　　　　　　　）
- ▶ 좁다　　「狭い」　　　⋯→　　좁＋아요 ⋯→（⑦　　　　　　　　）

😺 パッチム「ㅎ」の場合

「ㅎ」が脱落（ㅎ不規則）し，母音は「애요」もしくは「얘요」になります。

- ▶ 그렇다　「そうだ」　　　⋯→　　그러＋어요 ⋯→（⑧　　　　　　　　）
- ▶ 하얗다　「白い」　　　⋯→　　하야＋아요 ⋯→（⑨　　　　　　　　）
- ▶ 동그랗다「丸い」　　⋯→ 동그라＋아요 ⋯→（⑩　　　　　　　　）

規則的な変化をする単語もあります。

- ▶ 좋다　　「よい」　　　⋯→　　좋＋아요 ⋯→（⑪　　　　　　　　）
- ▶ 쌓다　　「積む」　　　⋯→　　쌓＋아요 ⋯→（⑫　　　　　　　　）

😺 パッチム「ㅅ」の場合

「ㅅ」が脱落しますが母音の縮約はできません（ㅅ不規則）。単語ごとに覚えましょう。

- ▶ 낫다　　「治る，ましだ」⋯→　　나＋아요 ⋯→（⑬　　　　　　　　）
- ▶ 짓다　　「立てる，名付ける」⋯→　　지＋어요 ⋯→（⑭　　　　　　　　）
- ▶ 붓다　　「腫れる」　　⋯→　　부＋어요 ⋯→（⑮　　　　　　　　）

規則的な変化をする単語もあります。

- ▶ 씻다　　「洗う」　　　⋯→　　씻＋어요 ⋯→（⑯　　　　　　　　）
- ▶ 벗다　　「脱ぐ」　　　⋯→　　벗＋어요 ⋯→（⑰　　　　　　　　）

CHECK 解答

102

①도와요　②고와요　③주워요　④더워요　⑤가까워요　⑥입어요
⑦좁아요　⑧그래요　⑨하얘요　⑩동그래요　⑪좋아요　⑫쌓아요
⑬나아요　⑭지어요　⑮부어요　⑯씻어요　⑰벗어요

「(으)」と接続する時の活用法

🔖 基本的に「다」を取る時にすべての変化が起きます。動詞・形容詞（原形）の「다」を取り，の最後の文字のパッチムの有無で判断します。「 8 -(으)ㄹ 거다」を例に接続の仕方をもう一度確認していきましょう。

💥 パッチムがない場合

最後の文字のパッチムとして「ㄹ」を付けます。

▶ 하다	「する」	…	하＋ㄹ 거예요 … ①	( )
▶ 크다	「大きい」	…	크＋ㄹ 거예요 … ②	( )
▶ 고르다	「選ぶ」	…	고르＋ㄹ 거예요 … ③	( )

💥 パッチム「ㄹ」の場合

「ㄹ」が脱落します。(「ㄹ」脱落／「ㄹ」語幹)。

▶ 살다	「住む」	…	사＋ㄹ 거예요 … ④	( )
▶ 만들다	「作る」	…	만드＋ㄹ 거예요 … ⑤	( )
▶ 열다	「開ける」	…	여＋ㄹ 거예요 … ⑥	( )

💥 パッチム「ㄷ」の場合

「ㄷ」が「ㄹ」に変化します（「ㄷ」不規則）。

▶ 듣다	「聞く」	…	들＋을 거예요 … ⑦	( )
▶ 묻다	「尋ねる」	…	물＋을 거예요 … ⑧	( )
▶ 걷다	「歩く」	…	걸＋을 거예요 … ⑨	( )

💥 パッチム「ㅂ」の場合

「ㅂ」が「우」に変化します（「ㅂ」不規則）。

▶ 돕다	「手伝う」	…	도우＋ㄹ 거예요 … ⑩	( )
▶ 줍다	「拾う」	…	주우＋ㄹ 거예요 … ⑪	( )
▶ 굽다	「焼く」	…	구우＋ㄹ 거예요 … ⑫	( )

規則的な変化をする単語もあります。

▶ 입다	「着る」	…	입＋을 거예요 … ⑬	( )
▶ 좁다	「狭い」	…	좁＋을 거예요 … ⑭	( )

◀ CHECK 解答

① 할 거예요　② 클 거예요　③ 고를 거예요　④ 살 거예요　⑤ 만들 거예요
⑥ 열 거예요　⑦ 들을 거예요　⑧ 물을 거예요　⑨ 걸을 거예요　⑩ 도울 거예요
⑪ 주울 거예요　⑫ 구울 거예요　⑬ 입을 거예요　⑭ 좁을 거예요

103

「ㅎ」が脱落します (「ㅎ」不規則)。

▶ 그렇다 「そうだ」 ⋯ 그러 ＋ ㄹ 거예요 ⋯ (①　　　　　　)

▶ 하얗다 「白い」 ⋯ 하야 ＋ ㄹ 거예요 ⋯ (②　　　　　　)

▶ 동그랗다「丸い」 ⋯ 동그라 ＋ ㄹ 거예요 ⋯ (③　　　　　　)

規則的な変化をする単語もあります。

▶ 좋다 「よい」 ⋯ 좋 ＋ 을 거예요 ⋯ (④　　　　　　)

▶ 쌓다 「積む」 ⋯ 쌓 ＋ 을 거예요 ⋯ (⑤　　　　　　)

「ㅅ」が脱落します (「ㅅ」不規則)。

▶ 낫다 「治る，ましだ」 ⋯ 나 ＋ 을 거예요 ⋯ (⑥　　　　　　)

▶ 짓다 「建てる，名づける」 ⋯ 지 ＋ 을 거예요 ⋯ (⑦　　　　　　)

▶ 붓다 「腫れる」 ⋯ 부 ＋ 을 거예요 ⋯ (⑧　　　　　　)

規則的な変化をする単語もあります。

▶ 씻다 「洗う」 ⋯ 씻 ＋ 을 거예요 ⋯ (⑨　　　　　　)

▶ 벗다 「脱ぐ」 ⋯ 벗 ＋ 을 거예요 ⋯ (⑩　　　　　　)

CHECK 解答 ①그럴 거예요　②하얄 거예요　③동그랄 거예요④좋을 거예요　⑤쌓을 거예요
⑥나을 거예요　⑦지을 거예요　⑧부을 거예요　⑨씻을 거예요　⑩벗을 거예요

読解のための
攻略編

▶ 16の出題パターンを
マスターしよう！

読問に対し，共通する主題を選ぶ問題が３問出題されます。

※ [31~33] 무엇에 대한 이야기입니까? 〈보기〉와 같이 알맞은 것을 고르십시오.
<small>何に ついての 話ですか 〈例〉の ように 適当な ものを 選びなさい</small>

〈例〉

――――〈보기〉―――― ┌──────────────┐
　　　　　　　　　　　　　│「寒い」「雪が降る」に対し，│
　　　　　　　　　　　　　│もっとも近いのは「冬」です。│
　　　　　　　　　　　　　└──────────────┘

<small>寒いです 雪が たくさん降ります</small>
춥습니다. 눈이 많이 옵니다.

　① 휴가　　　❷ 겨울　　　③ 계절　　　④ 시간
　　<small>休み</small>　　　　　<small>冬</small>　　　　<small>季節</small>　　　<small>時間</small>

31.　비빔밥은 맵습니다. 아이스크림은 답니다.

　① 요리　　　② 맛　　　③ 음료수　　　④ 점심

32.　아버지는 의사입니다. 동생은 학생입니다.

　① 이름　　　② 직업　　　③ 나이　　　④ 계획

33.　저는 운동을 좋아합니다. 테니스를 자주 칩니다.

　① 쇼핑　　　② 나라　　　③ 취미　　　④ 스포츠 센터

答えを導くためのアドバイス

　上位語と下位語関係（例：寒い・雪が降る ⋯→ 冬）の語彙や主題と関係のある
キーワードを知っておくことが大事です。基本語彙の意味をしっかり覚えて，例
文が作れるように普段から練習しておきましょう。

31. ビビンパは辛いです。アイスクリームは甘いです。
    ① 料理　　　❷ 味　　　　③ 飲み物　　　④ ランチ
    > 「달다（甘い）」はパッチムの「ㄹ」が脱落し，「답니다」になります。

32. お父さんは医者です。弟／妹は学生です。
    ① 名前　　　❷ 職業　　　③ 年齢　　　④ 計画

33. 私は運動が好きです。テニスをよくします。
    ① ショッピング　② 国／国籍　　❸ 趣味　　　④ ジム
    > 「치다」は基本的に「打つ」の意味です。テニスやピンポンは「하다（する）」も使えるし「치다」もよく使います。

1. 저는 일본 사람입니다. 선생님은 한국 사람입니다.

① 나라 　　② 생일 　　③ 일 　　④ 가족

2. 책을 빌립니다. 공부를 합니다.

① 집 　　② 도서관 　　③ 취미 　　④ 휴일

3. 오빠는 미국에 삽니다. 언니는 지금 학생입니다.

① 직업 　　② 고향 　　③ 가족 　　④ 학교

4. 토요일에는 친구를 만납니다. 일요일에는 집에 있습니다.

① 주말 　　② 가족 　　③ 취미 　　④ 달력

5. 가게가 많이 있습니다. 물건이 쌉니다.

① 쇼핑 　　② 나라 　　③ 과일 　　④ 시장

6. 오늘은 1월 3일입니다. 2월 15일은 일요일입니다.

① 나이 　　② 연말 　　③ 계획 　　④ 날짜

7. 냉장고에 사과가 있습니다. 지금 배를 먹습니다.

① 과일 　　② 가을 　　③ 식사 　　④ 날짜

8. 머리가 깁니다. 그래서 자릅니다.

① 미용실 　　② 병원 　　③ 가위 　　④ 취미

9. 어머니는 부산 사람입니다. 아버지는 서울 사람입니다.

① 일 　　② 휴가 　　③ 고향 　　④ 계절

10. 이번 주말에 친구를 만납니다. 영화도 볼 겁니다.

① 취미 　　② 계획 　　③ 친구 　　④ 일

11.
| 백화점은 물건이 비쌉니다. 시장은 쌉니다. |

① 날씨　　　② 휴일　　　③ 쇼핑　　　④ 값

12.
| 아침은 8시에 먹습니다. 점심은 12시에 먹습니다. |

① 시간　　　② 날짜　　　③ 값　　　④ 가족

13.
| 아버지는 수영을 합니다. 동생은 농구를 합니다. |

① 직업　　　② 운동　　　③ 주말　　　④ 계획

14.
| 저는 일본 사람입니다. 선생님은 한국 사람입니다. |

① 국적　　　② 학교　　　③ 친구　　　④ 장소

15.
| 오늘 생일입니다. 친구하고 파티를 할 겁니다. |

① 직업　　　② 계획　　　③ 식당　　　④ 날짜

16.
| 공책은 삼 천원입니다. 볼펜은 천오백 원입니다. |

① 문방구　　　② 학교　　　③ 값　　　④ 선물

17.
| 도서관에서 공부합니다. 식당에서 밥을 먹습니다. |

① 장소　　　② 취미　　　③ 직업　　　④ 방학

18.
| 어제는 바람이 불었습니다. 오늘은 맑습니다. |

① 날씨　　　② 날짜　　　③ 계절　　　④ 요일

19.
| 주말에 자주 사진을 찍습니다. 아주 즐겁습니다. |

① 주말　　　② 직업　　　③ 계획　　　④ 취미

20.
| 일본 사람입니다. 한국에서 공부합니다. |

① 국적　　　② 고향　　　③ 유학　　　④ 학교

解	1	①	2	②	3	③	4	①	5	④	6	④	7	①	8	①	9	③	10	②
答	11	④	12	①	13	②	14	①	15	②	16	③	17	①	18	①	19	④	20	③

1. 私は日本人です。先生は韓国人です。
   ❶ 国／国籍　　② 誕生日　　③ 仕事　　④ 家族

2. 本を借ります。勉強をします。
   ① 家　　❷ 図書館　　③ 趣味　　④ 休日

3. 兄はアメリカに住んでいます。姉は今，学生です。
   ① 職業　　② 故郷　　❸ 家族　　④ 学校

4. 土曜日は友達に会います。日曜日は家にいます。
   ❶ 週末　　② 家族　　③ 趣味　　④ カレンダー

5. 店がたくさんあります。品物が安いです。
   ① ショッピング　② 国　　③ 果物　　❹ 市場

6. 今日は1月3日です。2月15日は日曜日です。
   ① 年齢／歳　　② 年末　　③ 計画　　❹ 日付

7. 冷蔵庫にリンゴがあります。今，ナシを食べています。
   ❶ 果物　　② 秋　　③ 食事　　④ 日付

8. 髪が長いです。だから切ります。
   ❶ 美容院　　② 病院　　③ はさみ　　④ 趣味
   「길다（長い）」はパッチムの「ㄹ」が脱落し，「깁니다」になります。

9. 母は釜山の人です。父はソウルの人です。
   ① 仕事　　② 休暇　　❸ 故郷　　④ 季節

10. 今週末，友達に会います。映画も見るつもりです。
    ① 趣味　　❷ 計画　　③ 友達　　④ 仕事

11. デパートは品物が高いです。市場は安いです。
　　① 天気　　　　　② 休日　　　　　③ ショッピング　❹ 値段

12. 朝は 8 時に食べます。昼は 12 時に食べます。
　　❶ 時間　　　　　② 日付　　　　　③ 値段　　　　　④ 家族

13. 父は水泳をします。弟／妹はバスケットボールをします。
　　① 職業　　　　　❷ 運動　　　　　③ 週末　　　　　④ 計画

14. 私は日本人です。先生は韓国人です。
　　❶ 国籍　　　　　② 学校　　　　　③ 友達　　　　　④ 場所

15. 今日は誕生日です。友人とパーティをする予定です。
　　① 職業　　　　　❷ 計画　　　　　③ 食堂　　　　　④ 日付

16. ノートは 3,000 ウォンです。ボールペンは 1,500 ウォンです。
　　① 文房具屋　　　② 学校　　　　　❸ 値段　　　　　④ プレゼント

17. 図書館で勉強します。食堂でご飯を食べます。
　　❶ 場所　　　　　② 趣味　　　　　③ 職業　　　　　④ 休み

18. 昨日は風が吹きました。今日は晴れです。
　　❶ 天気　　　　　② 日付　　　　　③ 季節　　　　　④ 曜日

19. 週末によく写真を撮ります。とても楽しいです。
　　① 週末　　　　　② 職業　　　　　③ 計画　　　　　❹ 趣味

20. 日本人です。韓国で勉強します。
　　① 国籍　　　　　② 故郷　　　　　❸ 留学　　　　　④ 学校

韓国語の基本的な文法や語彙力を測る穴埋め問題です。それぞれ名詞，助詞，副詞，形容詞，動詞を選ぶ問題が6問出題されます。

※ [34~39] 〈보기〉와 같이 ( )에 들어갈 가장 알맞은 것을 고르십시오.
〈例〉の ように に 入る 最も 適当な ものを 選びなさい

---〈보기〉---
〈例〉

| 韓国では床暖房が主流なので，普段エアコンというとクーラーを指します。 |

방이 덥습니다. 그래서 ( )을 켰습니다.
部屋が 暑いです それで を つけました

① 창문　　❷ 에어컨　　③ 불　　④ 텔레비전
窓　　　　エアコン　　灯り　　　テレビ

---

34. 바지( ) 길어요.

　　① 가　　　　② 에서　　　　③ 를　　　　④ 에

35. 가족이 보고 싶습니다. ( )를 합니다.

　　① 전화　　② 영화　　　③ 공부　　　④ 청소

36. 오늘 ( ). 아이스크림이 먹고 싶습니다.

　　① 차갑습니다　② 멉니다　　③ 덥습니다　　④ 재미있습니다

37. 피곤합니다. 회사를 ( ).

　　① 다닙니다　② 만듭니다　③ 쉽니다　　④ 읽습니다

38. 친구에게 선물을 받았습니다. 기분이 ( ) 좋습니다.

　　① 정말　　　② 빨리　　　③ 천천히　　　④ 벌써

39. 비가 옵니다. 우산을 ( ).

　　① 잘랐습니다　② 열었습니다　③ 썼습니다　　④ 닦았습니다

💡 答えを導くためのアドバイス

　提示文には実生活でよく使われる表現が出題されます。文の前後関係を考えながらキーワードを把握し，最も関係のありそうな選択肢を選びましょう。語彙力を上げるには，自分で例文を作りながら覚えると記憶に定着しやすいです。

34. ズボン（　　　）長いです。
　　❶ が　　　　　② で　　　　　③ を　　　　　④ へ

35. 家族に会いたいです。（　　　）をします。
　　❶ 電話　　　　② 映画　　　　③ 勉強　　　　④ 掃除
　　「보고 싶다」は「見たい」「（人や動物などに）会いたい」2つの意味があります。

36. 今日は（　　　）。アイスクリームが食べたいです。
　　① 冷たいです　② 遠いです　❸ 暑いです　　④ 面白いです
　　「멀다（遠い）」は《ㄹ脱落》であるため、합니다体の活用は「멉니다」です。

37. 疲れています。会社を（　　　）。
　　① 通います　　② 作ります　　❸ 休みます　　④ 読みます
　　「만들다」は《ㄹ脱落》であるため，합니다体の活用は「만듭니다」です。

38. 友達にプレゼントをもらいました。気持ちが（　　　）いいです。
　　❶ 本当に　　　② 速く　　　　③ ゆっくり　　④ もう

39. 雨が降っています。傘を（　　　）。
　　① 切りました　　② 開きました　　❸ さしました　　④ 拭きました

1. 선생님(　　　) 전화를 해요.
   ① 부터　　　　② 에서　　　　③ 을　　　　④ 에게

2. 숙제(　　　) 많아요.
   ① 가　　　　② 에게　　　　③ 하고　　　　④ 을

3. 저는 한국 사람(　　　) 아닙니다.
   ① 과　　　　② 의　　　　③ 을　　　　④ 이

4. 스포츠 센터(　　　) 운동을 합니다.
   ① 는　　　　② 에서　　　　③ 까지　　　　④ 에

5. 배가 아픕니다. (　　　)에 갑니다.
   ① 도서관　　　② 우체국　　　③ 병원　　　④ 학교

6. CD를 샀습니다. (　　　)을 듣습니다.
   ① 공연　　　② 음악　　　③ 책　　　④ 그림

7. 친구의 생일입니다. (　　　)을 줍니다.
   ① 선물　　　② 파티　　　③ 연락　　　④ 축하

8. 저는 눈이 나빠요. (　　　)을 써요.
   ① 책　　　② 모자　　　③ 우산　　　④ 안경

9. 청소를 했습니다. 방이 (　　　).
   ① 시원합니다　② 깨끗합니다　③ 예쁩니다　④ 넓습니다

10. 음식이 (　　　). 많이 먹었습니다.
    ① 맛있습니다　② 짧습니다　③ 어렵습니다　④ 건강합니다

11. 눈이 (　　　). 약을 먹었습니다.

① 깁니다　　② 아픕니다　　③ 친절합니다　　④ 조용합니다

12. 물건 값이 (　　　). 많이 샀습니다.

① 무겁습니다　② 좋습니다　　③ 쌉니다　　④ 밝습니다

13. 냄새가 납니다. 창문을 (　　　).

① 엽니다　　② 닦습니다　　③ 보냅니다　　④ 자릅니다

14. 부모님의 생일입니다. 저는 요리를 (　　　).

① 예약합니다　② 삽니다　　③ 만듭니다　　④ 만납니다

15. 친구가 이사를 합니다. 친구를 (　　　).

① 가르칩니다　② 도와줍니다　③ 연락합니다　④ 씁니다

16. 도서관에 갑니다. 책을 (　　　).

① 찍습니다　② 빌립니다　　③ 팝니다　　④ 줍니다

17. 영화가 (　　　) 재미있었습니다. 또 보고 싶습니다.

① 다시　　② 이미　　③ 아주　　④ 자주

18. 산이 가깝습니다. (　　　) 등산을 합니다.

① 벌써　　② 아직　　③ 빨리　　④ 가끔

19. 오늘 2시간 잠을 잤습니다. (　　　) 피곤합니다.

① 너무　　② 잠깐　　③ 또　　④ 서로

20. 오늘은 주말입니다. 도서관에 사람이 (　　　) 없습니다.

① 아마　　② 별로　　③ 다시　　④ 처음

21. 피아노를 좋아합니다. 자주 피아노를 (　　　).

① 칩니다　　② 빌립니다　　③ 맡깁니다　　④ 탑니다

22. 옷이 아주 예쁩니다. 마음에 (　　　).

① 잡니다　　② 듭니다　　③ 엽니다　　④ 세웁니다

23. 산에 갑니다. 등산화를 (　　　).

① 입습니다　　② 가르칩니다　　③ 구경합니다　　④ 신습니다

24. 다음 주가 휴가입니다. 여행 계획을 (　　　).

① 지킵니다　　② 세웁니다　　③ 닦습니다　　④ 받습니다

解答	1 ④	2 ①	3 ④	4 ②	5 ③	6 ②	7 ①	8 ④	9 ②	10 ①
	11 ②	12 ③	13 ①	14 ③	15 ②	16 ②	17 ③	18 ④	19 ①	20 ②
	21 ①	22 ②	23 ④	24 ②						

1. 先生（　　　）電話をします。
   ① から　　　　② で　　　　③ を　　　　❹ に
   ＊「《人・動物》＋〜に」は「에」ではなく「에게」や「한테」を用いるので要注意！

2. 宿題（　　　）多いです。
   ❶ が　　　　② に　　　　③ と　　　　④ を

3. 私は韓国人（　　　）ありません。
   ① と　　　　② の　　　　③ を　　　　❹（が）では
   ＊名詞の否定は「〜이/가 아니다」です。

4. スポーツセンター（　　　）運動をします。
   ① は　　　　❷ で　　　　③ まで　　　　④ に

5. お腹が痛いです。（　　　）に行きます。
   ① 図書館　　　② 郵便局　　　❸ 病院　　　④ 学校

6. CD を買いました。（　　　）を聞きます。
   ① 公演　　　❷ 音楽　　　③ 本　　　④ 絵

7. 友達の誕生日です。（　　　）をあげます。
   ❶ プレゼント　　② パーティ　　③ 連絡　　④ 祝賀

8. 私は目が悪いです。（　　　）をかけます。
   ① 本　　　② 帽子　　　③ 傘　　　❹ メガネ

9. 掃除をしました。部屋が（　　　）。
   ① 涼しいです　❷ きれいです　③ きれいです　④ 広いです

   ②と③は両方とも「きれいだ」という意味の形容詞ですが，正解の②「깨끗하다」は清潔の意味合いが強く，③「예쁘다」はかわいさや美しさを表します。

117

10. 食べ物が（　　　）。たくさん食べました。
   ❶ おいしいです　② 短いです　　③ 難しいです　④ 元気です

11. 目が（　　　）。薬を飲みました。
   ① 長いです　　❷ 痛いです　　③ 親切です　　④ 静かです
   「길다」は《ㄹ脱落》であるため，습니다体の活用は「깁니다」です。

12. 物の値段が（　　　）。たくさん買いました。
   ① 重いです　　② いいです　　❸ 安いです　　④ 明るいです

13. 臭いがします。窓を（　　　）。
   ❶ 開けます　　② 拭きます　　③ 送ります　　④ 切ります
   「열다」は「ㄹ脱落」であるため，습니다体の活用は「엽니다」です。

14. 両親の誕生日です。私は料理を（　　　）。
   ① 予約します　② 買います　　❸ 作ります　　④ 会います

15. 友達が引越しをします。友達を（　　　）。
   ① 教えます　　❷ 手伝います　③ 連絡します　④ 使います

16. 図書館に行きます。本を（　　　）。
   ① 撮ります　　❷ 借ります　　③ 売ります　　④ あげます
   「팔다」は「ㄹ脱落」であるため、습니다体の活用は「팝니다」です。

17. 映画が（　　　）面白かったです。また見たいです。
   ① また／再び　② もう／すでに　❸ とても　　　④ よく／頻繁に

18. 山が近いです。（　　　）山登りをします。
   ① すでに　　　② まだ　　　　③ 速く　　　　❹ たまに

19. 今日２時間寝ました。（　　　）疲れています。
   ❶ とても　　　② 少し／しばらく ③ また　　　　④ お互いに
   「너무」は否定的な意味でよく使い，「정말」は肯定的な意味でよく使われます。

20. 今日は週末です。図書館に人が（　　　）いません。
   ① すでに　　　❷ あまり　　　③ また　　　　④ 最初

21. ピアノが好きです。よくピアノを（　　　）。
❶ 弾きます　　② 借ります　　③ 預けます　　④ 乗ります

22. 服がとてもきれいです。気に（　　　）。
① 寝ます　　❷ 入ります　　③ 開けます　　④ 立てます

韓国語には「마음（心）」を使った慣用表現が多いです。「마음에 들다（気に入る）」も覚えておきましょう。「들다（入る）」は《ㄹ脱落》であるため，합니다体の活用は「듭니다」です。

23. 山に行きます。登山靴を（　　　）。
① 着ます　　② 教えます　　③ 見物します　　❹ 履きます

上着やＴシャツ，ズボンなどの場合は「입다」を用いますが，靴や靴下などは「신다（履く）」を用います。

24. 来週はお休みです。旅行の計画を（　　　）。
① 守ります　　❷ 立てます　　③ 拭きます　　④ もらいます

実用的な文章を読み，内容が理解できるか測る問題が３問出題されます。
だいたい時間，場所，順番などの特定の情報について聞かれます。

※ [40 ~ 42] 다음을 읽고 맞지 <u>않는</u> 것을 고르십시오.

40.

〈전시회 안내〉
학생들이 열심히 그림을 그렸습니다.
여러분 꼭 보러 오세요.
➤기간 : 금요일 ~ 일요일
➤시간 : 9시 ~ 17시
➤장소 : 학교 체육관
➤입장료 : 무료

① 전시회는 사흘 동안 합니다.
② 학교에서 볼 수 있습니다.
③ 돈을 냅니다.
④ 5시에 끝납니다.

41.

에린 씨,
부탁이 있어요.
제가 감기에 걸렸어요. 그래서 학교에 갈 수 없어요.
선생님에게 이야기해 주세요.

– 마이클

① 에린 씨는 감기에 걸렸습니다.
② 마이클 씨는 오늘 학교에 안 갑니다.
③ 마이클 씨가 에린 씨에게 부탁을 합니다.
④ 에린 씨가 선생님에게 마이클 씨의 이야기를 합니다.

42.

〈회사 안내〉	
303호	휴게실
301호~302호	회의실
201호~205호	사무실
1F	안내

① 이 층에 사무실이 다섯 개 있습니다.

② 회사 안내는 일 층에서 받습니다.

③ 회의가 있으면 삼 층으로 가야 합니다.

④ 회사에서는 쉴 수 없습니다.

40.

> ＜展示会の案内＞
> 学生たちが一生懸命に絵を描きました。
> 皆さん，ぜひ見に来てください。
> 期間：金曜日〜日曜日
> 時間：9 時〜 17 時
> 場所：学校の体育館
> 入場料：無料

① 展示会は三日間行います。

② 学校で見ることができます。

❸ お金を出します。…→ 入場料は無料

④ 5 時に終わります。

41.

> エリンさん
> お願いがあります。
> 私は風邪を引きました。ですので学校に行けません。
> 先生に伝えてください。
> ―マイケル

❶ エリンさんは風邪を引きました。…→ 風邪を引いたのはマイケル

② マイケルさんは今日学校に行きません。

③ マイケルさんがエリンさんにお願いをします。

④ エリンさんが先生にマイケルさんの話をします。

42.

＜会社の案内＞	
303 号室	休憩室
301 号室 〜 302 号室	会議室
201 号室〜 205 号室	事務室
1F	案内

① 2 階に事務室が 5 つあります。

② 会社の案内は 1 階で受け付けます。

③ 会議があると 3 階へ行かなければなりません。

❹ 会社では休憩できません。…→ 303 号室に休憩室がある

1.

8월 29일	
오늘의 일정	10시 한국어 수업
	13시 친구와 점심
	15시 종로에서 영화

① 오늘 오전에 영화를 볼 겁니다.

② 수업이 끝난 후에 친구와 점심을 먹습니다.

③ 종로에 영화를 보러 갑니다.

④ 점심에 친구와 약속이 있습니다.

2.

> **도서관 이용 안내**
> **시간** : 화 ~ 금 8:00 ~ 22:00／토 ~ 일 8:00 ~ 18:00
> ※ 월요일에는 쉽니다.
>
> **이용 요금** : 무료

① 오전 8시에 문을 엽니다.

② 주말은 오후 6시에 끝납니다.

③ 수요일에는 문을 안 엽니다.

④ 돈은 필요 없습니다.

3.

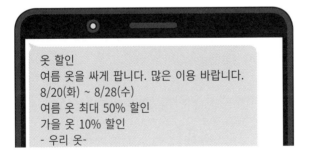

옷 할인
여름 옷을 싸게 팝니다. 많은 이용 바랍니다.
8/20(화) ~ 8/28(수)
여름 옷 최대 50% 할인
가을 옷 10% 할인
- 우리 옷-

① 9일 동안 할인합니다.

② 가을 옷은 50% 할인합니다.

③ 우리 옷에서 보낸 메시지입니다.

④ 여름 옷을 싸게 살 수 있습니다.

4.

> ### 사랑 시대
> 한국극장
> 2019-10-22(화) 17:00
> 16층 8관 F-10번 / 10,000원

① 화요일에 영화를 봅니다.
② 영화는 오후 다섯 시에 시작합니다.
③ 팔 층에서 영화를 봅니다.
④ 영화표는 만 원입니다.

5.

수업 시간표	월	화	수	목	금
10:00~12:00	수영		수영		수영
14:00~15:30	요리	노래		요리	배구
19:30~21:00	수영	노래	수영	노래	수영

① 수영 교실은 오전과 오후에 있습니다.
② 노래 교실은 일주일에 이틀 있습니다.
③ 배구는 금요일에만 수업이 있습니다.
④ 요리는 배울 수 없습니다.

6.

> ### 방 친구를 찾습니다!
> 방 2개, 부엌
> 지하철역에서 걸어서 3분
> 침대, TV 있습니다.
> 저는 일본 사람입니다. 저와 같이 살 한국인이나
> 외국인 친구를 찾습니다.
> ※010-5678-1234로 전화 주세요.

① 지하철역에서 가깝습니다.
② 집에 텔레비전이 있습니다.
③ 이 사람은 한국 사람만 찾습니다.
④ 방이 두 개 있습니다.

7.

8/15(목)	8/16(금)	8/17(토)	8/18(일)
☀️	☀️	🌧️	☁️
34°C	32°C	28°C	30°C

① 주말에는 날씨가 좋지 않습니다.
② 목요일이 제일 덥습니다.
③ 금요일은 맑습니다.
④ 17일은 날씨가 흐립니다.

8.

‹ 종로5가   ① 종로3가   종각 › 환승 ③ 호선 ⑤ 호선

‹ 안국   ③ 종로3가   을지로3가 › 환승 ① 호선 ⑤ 호선

‹ 광화문   ⑤ 종로3가   을지로4가 › 환승 ① 호선 ③ 호선

① 종로3가 역에서 종각에 갈 수 있습니다.
② 종로3가 역은 일 호선, 삼 호선, 오 호선이 있습니다.
③ 안국 역까지 삼 호선을 탑니다.
④ 광화문 역에는 갈 수 없습니다.

9.

커피숍 「커피 나무」
매니저, 바리스타
박 정 석
서울특별시 중구 을지로 29 한국빌딩 1층
전화 : 02-3556-9999 / 휴대 전화 : 010-2323-8999
이메일 : park.coffee@korea.kr
　※화~일 7:00~22:00 월요일은 쉽니다.

① 이 사람 이름은 박정석입니다.
② 이 가게는 서울에 있습니다.
③ 월요일은 열 시에 끝납니다.
④ 이 가게는 일 층에 있습니다.

10.

♕ 맛있는 식당 ♕	
김밥 : 2,500원	콜라, 사이다 : 3,000원
비빔밥 : 5,500원	소주 : 4,000원
김치찌개 : 7,000원	맥주 : 5,000원

※후식 : 커피, 녹차
※11:00~15:00, 17:00~21:00

① 커피와 녹차를 마실 수 있습니다.

② 메뉴는 세 가지입니다.

③ 점심 시간은 네 시간 동안입니다.

④ 이 식당은 술을 마실 수 없습니다.

11.

같이 한국어를 공부합시다!

☑ 일시 : 매주 수요일 오후 7시   ☑ 장소 : 신촌 스터디 카페

☑ 준비물 : 공책과 연필   ☑ 참가비 : 5천 원

☑ 참가 방법 : 010-9876-5432로 전화 주세요.

※한국어를 공부하고 싶은 외국 사람은 모두 환영합니다.
친구하고 같이 오세요.

① 이 모임은 한 달에 한 번 있습니다.

② 이 모임은 외국인만 참가할 수 있습니다.

③ 이 모임은 오후 7시에 시작합니다.

④ 전화로 예약을 해야 합니다.

12.

2020 년 6 월 12 일

인천 ⇒ 나리타
Incheon   Narita

9:30   11:55

좌석 번호 17F
요금 390,000 원

① 나리타로 갑니다.

② 표는 삼십구 만 원입니다.

③ 아침 아홉 시 삼십 분에 도착합니다.

④ 6월 12일에 비행기를 탑니다.

解	1	①	2	③	3	②	4	③	5	④	6	③	7	④	8	④	9	③	10	④
答	11	①	12	③																

1.

8月29日	
	10時 韓国語の授業
今日の日程	13時 友達とランチ
	15時 鐘路で映画

❶ 今日の午前，映画を見るつもりです。⋯ 映画は 15 時の予定

② 授業が終わった後に友達とランチを食べます。

③ 鐘路に映画を見に行きます。

④ お昼に友達と約束があります。

2.

図書館利用案内
時間 : 火 〜金 : 8:00 〜 22:00 ／土〜日 : 8:00 〜 18:00
※ 月曜日はお休みです。

利用料金 : 無料

① 午前 8 時に門を開けます。

② 週末は午後 6 時に終わります。

❸ 水曜日には門を開けません。⋯ 月曜日は休館

④ お金は必要ありません。

3.

服 セール
夏服を安く売ります。たくさんのご利用お願いします。
8/20(火)〜8/28(水)
夏服最大 50% 割引
秋服 10% 割引
- ウリ服 -

① 9日間割引します。

❷ 秋服は 50%割引します。⋯ 秋服は 10%割引

③ ウリ服から送ったメッセージです。

④ 夏服を安く買えます。

4.

> 愛の時代
> ハングック劇場
> 2019-10-22 (火) 17:00
> 16 階 8 館 F-10 番／ 10,000 ウォン

① 火曜日に映画を見ます。

② 映画は午後 5 時に始まります。

❸ 8 階で映画を見ます。⋯→ 映画は 16 階にある 8 館で見る

④ 映画のチケットは 1 万ウォンです。

5.

授業の時間割	月	火	水	木	金
10:00 ～ 12:00	水泳		水泳		水泳
14:00 ～ 15:30	料理	歌		料理	バレーボール
19:30 ～ 21:00	水泳	歌	水泳	歌	水泳

① 水泳教室は午前と午後にあります。

② 歌の教室は 1 週間に 2 日あります。

③ バレーボールは金曜日にだけ授業があります。

❹ 料理は習えません。⋯→ 月曜日と水曜日に料理教室がある

6.

> ### ルームメイトを探しています！
> 2 部屋, 台所
> 地下鉄駅から歩いて 3 分
> ベット, TV あります。
> 私は日本人です。韓国人や外国人のルームメイトを探しています。
> ※ 010-5678-1234 にお電話ください。

① 地下鉄駅から近いです。

② 家にテレビがあります。

❸ この人は韓国人だけ探しています。⋯→ 韓国人や外国人を探している

④ 2 部屋あります。

7.

8/15 (木)	8/16 (金)	8/17 (土)	8/18 (日)
☀	☀	☂	☁
34℃	32℃	28℃	30℃

① 週末は天気がよくありません。
② 木曜日が一番暑いです。
③ 金曜日は晴れです。
❹ 17日は天気が曇りです。⋯→ 17日は雨が降る

8.

① 鍾路3街駅から鐘閣に行けます。
② 鍾路3街駅は1号線，3号線，5号線があります。
③ 安國駅まで3号線に乗ります。
❹ 光化門駅には行けません。⋯→ 5号線に乗ると光化門駅に行ける

9.

> コーヒーショップ「コーヒーの木」
> マネージャー，バリスタ
> パク・チョンソク
> ソウル特別市 中区 乙支路 29 ハングックビル 1階
> 電話：02-3556-9999 ／携帯：010-2323-8999
> メール：park.coffee@korea.kr
> 　※火〜日 7:00 ～ 22:00 月曜日はお休みです。

① この人の名前はパク・チョンソクです。
② この店はソウルにあります。
❸ 月曜日は10時に終わります。⋯→ 月曜日はお休み
④ この店は1階にあります。

10.

👑 美味しい食堂 👑

キムパプ：2,500 ウォン	コーラ，サイダー：3,000 ウォン
ビビンバ：5,500 ウォン	焼酎：4,000 ウォン
キムチチゲ：7,000 ウォン	ビール：5,000 ウォン

※デザート：コーヒー，緑茶
※ 11：00 ～ 15：00，17：00 ～ 21：00

① コーヒーと緑茶が飲めます。

② メニューは 3 種類です。

③ ランチの時間は 4 時間です。

❹ **この食堂はお酒が飲めません。** ⋯➡ **焼酎とビールを売っている**

11.

一緒に韓国語を勉強しましょう！
☑ 日時：毎週水曜日午後 7 時　　☑ 場所：シンチョン スターディー・カフェ
☑ 持ち物：ノートと鉛筆　　　　☑ 参加費：5 千ウォン
☑ 参加方法：010-9876-5432 にお電話ください。
※韓国語を勉強したい外国の人は皆歓迎します。
　友達とご一緒にいらしてください。

❶ **この集まりは月に一度あります。** ⋯➡ **毎週水曜日に行う**

② この集まりは外国人だけが参加できます。

③ この集まりは午後 7 時に始まります。

④ 電話で予約をしなければなりません。

12.

2020 年 6 月 12 日		
仁川	⇒	成田
Incheon		Narita
9:30		11:55

座席番号 17F
料金 390,000 ウォン

① 成田へ行きます。

② チケットは 39 万ウォンです。

❸ **朝 9 時 30 分に到着します。** ⋯➡ **9 時 30 分に出発し 11 時 55 分に到着**

④ 6 月 12 日に飛行機に乗ります。

3つの文章を読み，内容が理解できるかを測る問題が全部で 3 問出題されます。

※ [43〜45] 次の　内容と　同じ　ものを　選びなさい
다음의 내용과 같은 것을 고르십시오.

43.
> 오늘은 토요일입니다. 그래서 영화관에서 영화를 봤습니다. 영화관에는 사람이 정말 많았습니다.

① 토요일마다 영화관에 갑니다.
② 주말에 영화관에는 사람이 없습니다.
③ 저는 오늘 극장에 갔습니다.
④ 영화는 아주 재미있었습니다.

44.
> 저는 일본에서 삽니다. 한국어와 일본어 모두 잘합니다. 지금은 중국어도 배웁니다.

① 저는 일본 사람입니다.
② 저는 중국어를 아주 잘합니다.
③ 저는 지금 일본어를 배웁니다.
④ 저는 일본어로 말할 수 있습니다.

45.
> 저는 그림을 좋아합니다. 그래서 주말에 친구와 자주 미술관에 가서 그림을 구경합니다. 나중에 그림도 그리고 싶습니다.

① 저는 그림을 배웁니다.
② 휴일마다 미술관에 갑니다.
③ 저는 자주 미술관에서 그림을 봅니다.
④ 친구와 같이 그림을 그립니다.

答えを導くためのアドバイス

まず本文をよく読んで内容を理解してから選択肢を見ると時間短縮になります。
時間，場所，方法，理由などにポイントを当てて本文を読みましょう。

解答 43.③　44.④　45.③

43. | 今日は土曜日です。それで映画館で映画を見ました。映画館には人が本当に多かったです。

　　① 毎土曜日に映画館へ行きます。　… 土曜日に必ず行くかは不明

　　② 週末に映画館には人がいません。　… 人が大勢いた

　　❸ 私は今日，劇場（映画館）に行きました。

　　④ 映画はとても面白かったです。　… 感想については書かれていない

44. | 私は日本に住んでいます。だから韓国語と日本語両方とも流暢です。今は中国語も習っています。

　　① 私は日本人です。… 住んでいるが日本人かは書かれていない

　　② 私は中国語がとても上手です。… 習っているが中国語が上手かは不明

　　③ 私は今日本語を習っています。… 今習っているのは中国語

　　❹ 私は日本語で話すことができます。

45. | 私は絵が好きです。それで週末に友達とよく美術館に行って絵を見物します。今後，絵も描きたいです。

　　① 私は絵を習います。… 習っているかどうかは書かれていない

　　② 休日のたびに美術館に行きます。… 週末によく行くが毎回とは書かれていない

　　❸ 私はよく美術館で絵を見ます。

　　④ 友達と一緒に絵を描きます。… 友達とよく絵を見物していて今後絵を描きたい

1.

> 저는 어제 영화를 봤습니다. 그 영화가 너무 재미있었습니다. 그래서
> 어머니와 아버지에게 내일 영화표를 선물했습니다.

① 어머니는 영화를 좋아합니다.

② 어머니가 저에게 영화표를 줬습니다.

③ 아버지와 어머니는 내일 영화를 볼 겁니다.

④ 아버지는 영화표를 샀습니다.

2.

> 오늘 어머니의 생일입니다. 그래서 일이 끝난 후 집에서 가족들이 다 같이
> 식사를 할 겁니다. 저는 어머니에게 미역국과 불고기를 만들어 줄 겁니다.

① 가족과 같이 음식을 만들 겁니다.

② 어머니는 미역국을 좋아합니다.

③ 식당에서 식사를 할 겁니다.

④ 어머니의 생일 선물로 요리를 할 겁니다.

3.

> 저는 선생님입니다. 지금 일본의 학교에서 한국어를 가르치고 있습니다.
> 언젠가 고향에 돌아가서 한국어 학교를 만들고 싶습니다.

① 저는 일본어 선생님입니다.

② 저는 일본에서 가르치고 있습니다.

③ 저는 고향에서 한국어를 배우고 싶습니다.

④ 한국어보다 일본어가 좋습니다.

4.

저는 요즘 요리를 배웁니다. 요리 학원에서는 여러 나라의 요리를 배울 수 있지만 한국 요리가 가장 재미있습니다. 다음에 친구들을 초대해서 제가 만든 요리로 파티를 하고 싶습니다.

① 저는 요리사입니다.
② 한국 요리만 배웁니다.
③ 친구들을 초대해서 파티를 했습니다.
④ 한국 요리 만들기가 정말 재미있습니다.

5.

저는 아침마다 달리기를 합니다. 달리기를 하면 일찍 일어나야 하지만 운동을 할 수 있어서 좋습니다. 그런데 이번 주는 계속 비가 와서 달리기를 못 했습니다.

① 이번 주에 달리기를 시작했습니다.
② 매일 아침 달리기를 합니다.
③ 오늘 늦게 일어났습니다.
④ 이번 주에 날씨가 좋았습니다.

6.

저는 여행을 좋아합니다. 주말에는 기차로 국내 여행을 갑니다. 휴가 때는 해외 여행을 가서 사진도 찍고 맛있는 요리도 많이 먹습니다.

① 주말에는 자동차를 타고 여행을 갑니다.
② 휴가 때 국내 여행을 갑니다.
③ 제 취미는 여행입니다.
④ 여행은 친구하고 갑니다.

7.

> 지난주 목요일에 역사 시험이 있었습니다. 저는 날마다 도서관에서 열심히 공부했습니다. 그런데 시험을 잘 못 봤습니다.

① 저는 역사를 좋아합니다.
② 다음 주에 시험을 볼 겁니다.
③ 시험을 보지 않았습니다.
④ 매일 도서관에 갔습니다.

8.

> 제 동생의 꿈은 가수입니다. 그래서 주말에는 대학로에서 공연하고 있습니다. 노래를 아주 잘하는 동생이 유명한 가수가 되면 좋겠습니다.

① 동생은 유명합니다.
② 동생은 매일 공연을 합니다.
③ 동생은 가수가 되고 싶어합니다.
④ 동생은 노래를 잘하고 싶어합니다.

9.

> 우리 집은 강아지를 3마리 기릅니다. 제가 초등학생 때부터 10년 동안 길렀습니다. 나중에는 고양이도 기르고 싶습니다.

① 집에 강아지가 세 마리 있습니다.
② 강아지는 열 살입니다.
③ 고양이도 키웁니다.
④ 저는 초등학생입니다.

10.

> 오늘 친구가 이사했습니다. 다른 친구들과 같이 이사를 돕고 다 같이 맛있는 음식도 먹었습니다. 친구가 이사가 끝난 후에 한국어 책을 선물로 줬습니다.

① 저는 이사를 했습니다.
② 혼자서 이사를 했습니다.
③ 친구는 다른 친구들과 삽니다.
④ 친구가 저에게 책을 선물했습니다.

11.

> 저는 뮤지컬을 좋아해서 자주 봅니다. 뮤지컬은 노래도 들을 수 있고 춤도 볼 수 있어서 정말 즐겁습니다. 그래서 다음 주 주말에도 뮤지컬을 보러 갈 겁니다.

① 저는 다음 주에 뮤지컬을 볼 겁니다.
② 뮤지컬을 보러 가면 춤을 출 수 있습니다.
③ 저는 뮤지컬 배우입니다.
④ 어제 뮤지컬을 봤습니다.

12.

> 저는 요즘 회사 동료하고 일이 끝난 후에 배드민턴을 칩니다. 저는 잘 치지 못하는데 동료들이 친절하게 가르쳐 줍니다. 열심히 연습해서 배드민턴 대회에도 나가고 싶습니다.

① 저는 주말에 배드민턴을 칩니다.
② 저는 동료들에게 배드민턴을 배웁니다.
③ 일이 끝난 후에 배드민턴 대회가 있습니다.
④ 저는 배드민턴을 잘합니다.

解	1	③	2	④	3	②	4	④	5	②	6	③	7	④	8	③	9	①	10	④
答	11	①	12	②																

1.

> 私は昨日映画を見ました。その映画がとても面白かったです。それで母と父に明日の映画のチケットをプレゼントしました。

① 母は映画が好きです。 ⋯➡ 母が映画が好きかは書かれていない

② 母が私に映画チケットをくれました。⋯➡ 母ではなく私が両親にチケットをあげた

❸ 父と母は明日映画を見るでしょう。

④ 父は映画のチケットを買いました。⋯➡ 父ではなく私がチケットを買ってあげた

2.

> 今日は母の誕生日です。だから仕事が終わった後，家で家族皆一緒に食事をする予定です。私は母にわかめスープとプルゴギを作ってあげるつもりです。

① 家族と一緒に料理を作るつもりです。⋯➡ 一緒には作らず私が作る

② 母はわかめスープが好きです。⋯➡ 好きかどうかは書かれていない

③ 食堂で食事をするつもりです。⋯➡ 食堂ではなく家で手作りする

❹ 母へのプレゼントとして料理をするつもりです。

3.

> 私は先生です。今，日本の学校で韓国語を教えています。いつか故郷に帰って韓国語の学校が作りたいです。

① 私は日本語の先生です。⋯➡ 韓国語を教えているので韓国語の先生

❷ 私は日本で教えています。

③ 私は故郷で韓国語を習いたいです。⋯➡ 故郷で韓国語の学校を作りたい

④ 韓国語より日本語がいいです。⋯➡ 日本語のほうがいいとは書かれていない

4.

> 私は最近料理を習っています。料理教室では様々な国の料理が習えるけど韓国料理が一番面白いです。今度，友達を招待して私が作った料理でパーティがしたいです。

① 私はコックです。⋯➡ コックではなく料理を習っている生徒

② 韓国料理のみ習っています。⋯➡ 韓国料理だけでなく様々な国の料理を習っている

③ 友達を招待してパーティをしました。⋯➡ パーティをしたいがまだやっていない

❹ 韓国料理を作るのがとても面白いです。

5. 私は毎朝ジョギングをしています。ジョギングをすると早起きしなければなりませんが，運動になるのでいいです。ところが今週はずっと雨が降っていたのでジョギングができませんでした。

① 今週からジョギングを始めました。…→ いつ始めたかは書かれていない
❷ 毎朝ジョギングをします。
③ 今日は遅く起きました。…→ ジョギングをするため早起き
④ 今週は天気がよかったです。…→ 雨の日が続いている

6. 私は旅行が好きです。週末は電車で国内旅行に行きます。休暇の時は海外旅行に行って写真も撮り，おいしい料理もたくさんを食べます。

① 週末には車に乗って旅行に行きます。…→ 車ではなく電車で行く
② 休暇の時，国内旅行に行きます。…→ 国内旅行ではなく海外旅行に行く
❸ 私の趣味は旅行です。
④ 旅行は友達と行きます。…→ 友達と行くかどうかは書かれていない

7. 先週木曜日に歴史のテストがありました。私は毎日図書館で一生懸命に勉強しました。だけどテストの成績があまりよくありませんでした。

　　　　　　　　　　　　　※**시험을 못 보다**：成績がよくない

① 私は歴史が好きです。…→ 歴史が好きかは書かれていない
② 来週テストを受けます。…→ 先週テストがあった
③ テストを受けませんでした。…→ 受けたけど成績がよくなかった
❹ 毎日図書館に行きました。

8. 私の弟／妹の夢は歌手です。それで週末は大学路で公演をしています。歌がすごく上手な弟／妹には有名な歌手になってほしいです。

① 弟／妹は有名です。…→ 有名な歌手になってほしい＝まだ有名ではない
② 弟／妹は毎日公演をします。…→ 週末に公演をしている
❸ 弟／妹は歌手になりたいです。
④ 弟／妹は歌が上手になりたいです。…→ 歌がすごく上手な弟／妹

9. 私の家族は子犬を3匹飼っています。私が小学校の時から10年間飼いました。今度は猫も飼いたいです。

❶ 家に子犬が3匹います。

② 子犬は10歳です。⋯ 10年間飼ったけど10歳かはわからない

③ 猫も飼っています。⋯ 猫は飼いたいがまだ飼ってはいない

④ 私は小学生です。⋯ 小学生の時から10年間飼っている＝今は小学生ではない

10. 今日友達が引越しました。他の友達と一緒に引越しを手伝い，皆と一緒に美味しい料理も食べました。友達は引越しが終わった後に韓国語の本をプレゼントにくれました。

① 私は引越しをしました。⋯ 友達が引越した

② ひとりで引越しをしました。⋯ ほかの友達と一緒に手伝った

③ 友達は他の友達と住みます。⋯ 誰と住むかは書かれていない

❷ 友達が私に本をプレゼントしてくれました。

11. 私はミュージカルが好きでよく見ます。ミュージカルは歌も聴けるしダンスも見られるのでとても楽しいです。それで来週末もミュージカルを見に行くつもりです。

❶ 私は来週，ミュージカルを見るつもりです。

② ミュージカルを見にいくとダンスが踊れます。⋯ ダンスが見られる

③ 私はミュージカル俳優です。⋯ 私自身が俳優かどうかは書かれていない

④ 昨日ミュージカルを見ました。⋯ ミュージカルを見たかどうかは不明

12. 私はこの頃，会社の同僚と仕事が終わった後，バドミントンをします。私は上手ではありませんが同僚が親切に教えてくれます。一生懸命練習してバドミントン大会にも出たいです。

① 私は週末にバドミントンをします。⋯ 仕事の後にバドミントンをする

❷ 私は同僚にバドミントンを習っています。

③ 仕事が終わった後バドミントン大会があります。⋯ 仕事後に大会があるかは不明

④ 私はバドミントンが上手です。⋯ 下手なので同僚に教わっている

3つの文章を読み，主題を選ぶ問題が全部で3問出題されます。

※ [46～48] 다음을 읽고 중심 생각을 고르십시오.
(次を　読んで　主題を　選びなさい)

46.
> 우리 아버지는 간호사입니다. 보통 주말에도 일을 하지만 이번 주말에는 아버지와 여행을 갑니다. 빨리 주말이 되면 좋겠습니다.

① 아버지는 항상 주말에 가족과 같이 여행을 갑니다.

② 저는 빨리 아버지와 여행을 가고 싶습니다.

③ 저는 간호사가 되고 싶습니다.

④ 아버지는 일을 좋아합니다.

47.
> 제가 좋아하는 한국 가수가 다음 달에 공연을 합니다. 저는 어제 표를 미리 샀습니다. 빨리 다음 달이 되면 좋겠습니다.

① 저는 표를 사고 싶습니다.

② 저는 어제 공연을 봤습니다.

③ 저는 공연을 기대하고 있습니다.

④ 저는 공연을 합니다.

48.
> 요즘 너무 바빠서 숙제를 다 하지 못했습니다. 그래서 수진 씨가 제 숙제를 도와줬습니다. 저는 수진 씨에게 밥을 사 줬습니다.

① 저는 숙제가 너무 많습니다.

② 수진 씨가 저에게 밥을 사 줬습니다.

③ 저는 수진 씨에게 감사했습니다.

④ 저는 수진 씨를 도와주었습니다.

☞ **答えを導くためのアドバイス**

一致ではなく書き手の言いたいことが何なのかを探します。選択肢には主題とは関係はないけど本文の内容と一致するひっかけが必ず含まれるので注意しましょう。

46. 私の父は看護師です。普段週末にも仕事をするけど，今週末は父と旅行に行きます。早く週末になってほしいです。

① 父はいつも週末に家族と一緒に旅行に行きます。

❷ 私は早く父と旅行に行きたいです。

③ 私は看護師になりたいです。

④ 父は仕事が好きです。

47. 私が好きな韓国の歌手が来月公演をします。私は昨日，前売券を買いました。早く来月になってほしいです。

기대하다：期待する，楽しみにする

① 私はチケットが買いたいです。

② 私は昨日公演を見ました。

❸ 私は公演を楽しみにしています。

④ 私は公演をします。

48. この頃忙しすぎて宿題が最後までできませんでした。それでスジンさんが私の宿題を手伝ってくれました。私はスジンさんにご飯をおごってあげました。

① 私は宿題が多すぎます。

② スジンさんが私にご飯をおごってくれました。

❸ 私はスジンさんに感謝しています。

④ 私はスジンさんを手伝ってあげました。

1.

> 우리 형은 외국에서 일을 합니다. 이번 휴가 때 저는 우리 형의 집에 가기로 했습니다. 빨리 휴가가 되었으면 좋겠습니다.

① 저는 외국에서 일을 하고 싶습니다.
② 휴가 때 해외에 가서 기분이 좋습니다.
③ 형을 빨리 만나고 싶습니다.
④ 저는 형과 같이 살고 싶습니다.

2.

> 저는 주말 아침마다 커피숍에 갑니다. 거기에서 커피도 마시고 음악도 듣고 공부도 합니다. 다음 주말에도 또 갈 겁니다.

① 저는 음악을 자주 듣습니다.
② 저는 커피를 많이 마십니다.
③ 주말에 커피숍에 가는 것을 좋아합니다.
④ 공부는 커피숍에서 해야 합니다.

3.

> 민수 씨는 수영을 잘합니다. 저는 수영을 배운 적이 없는데 수영을 잘하고 싶습니다. 그래서 다음 주부터 민수 씨가 수영을 가르쳐 주기로 했습니다.

① 저는 수영을 잘합니다.
② 저는 민수 씨에게 수영을 배울 겁니다.
③ 수영을 잘하면 바다에 가고 싶습니다.
④ 민수 씨는 수영 가르치는 것을 좋아합니다.

4.

> 저는 올해 한국에 유학을 왔습니다. 한국어 공부는 힘들지만 정말 재미있습니다. 그래서 내년에 고향에 돌아가면 우리 나라 사람들에게 한국어를 가르치고 싶습니다.

① 고향에서 한국어 선생님을 하고 싶습니다.

② 저는 고향에 빨리 돌아가고 싶습니다.

③ 저는 한국에서 일을 하고 싶습니다.

④ 저는 한국에서 계속 살고 싶습니다.

5.

> 저는 살을 빼고 있습니다. 그래서 밥과 고기는 먹지 않고 채소만 먹습니다. 아침마다 조깅도 1시간씩 하고 있습니다.

① 저는 채소를 싫어합니다.

② 운동은 1시간 이상 해야 합니다.

③ 저는 매일 운동하고 싶습니다.

④ 저는 다이어트를 하고 있습니다.

6.

> 사람들은 축구를 보러 축구장에 자주 갑니다. 주말이나 일이 끝난 후에 축구를 하는 사람도 많습니다. 그리고 만나면 축구 이야기도 많이 합니다.

① 축구를 하는 사람이 많습니다.

② 축구를 좋아하는 사람이 많습니다.

③ 사람을 만나면 축구 이야기를 해야 합니다.

④ 축구를 보는 사람이 많습니다.

7.

> 저는 시간이 있으면 책을 읽습니다. 공부보다 책이 더 좋습니다. 책을 읽으면 많은 것을 배울 수 있습니다.

① 제 취미는 독서입니다.
② 저는 공부를 싫어합니다.
③ 저는 시간이 있으면 도서관에 갑니다.
④ 독서가 공부보다 중요합니다.

8.

> 지난주에 온라인 쇼핑몰에서 치마를 샀습니다. 저는 까만색 치마를 샀는데 파란 치마가 왔습니다. 그래서 내일 전화해서 바꾸려고 합니다.

① 저는 치마 색이 마음에 들지 않습니다.
② 치마가 잘못 와서 내일 교환할 겁니다.
③ 저는 온라인 쇼핑을 좋아합니다.
④ 온라인 쇼핑은 편리합니다.

9.

> 지난 휴가 때 부모님과 설악산에 여행을 갔습니다. 설악산 구경도 하고 친구에게 줄 선물도 샀습니다. 어제 친구에게 여행 선물과 편지를 보냈는데 기대가 됩니다.

① 친구와 같이 여행을 가고 싶습니다.
② 선물을 받고 친구가 좋아하면 좋겠습니다.
③ 설악산에는 선물할 기념품이 많습니다.
④ 가족들은 여행을 좋아합니다.

10.

저는 하숙집에서 살고 있습니다. 하숙집에서 사는 것은 한국 문화를 배울 수 있어서 좋지만 화장실을 같이 쓰는 것이 불편합니다. 그래서 저는 어제 혼자 살고 싶어서 부동산에 갔습니다.

① 저는 하숙집에서 계속 살고 싶습니다.
② 외국 사람은 하숙집에서 살면 좋습니다.
③ 저는 요즘 집을 찾고 있습니다.
④ 다른 사람과 같이 살면 불편합니다.

11.

저는 요리를 잘 못합니다. 그래서 요즘 요리 학원을 다니면서 요리를 배우고 있습니다. 좀 더 요리를 잘하게 되면 친구들을 초대해서 제가 만든 요리를 같이 먹고 싶습니다.

① 요리를 잘하려면 요리 학원에 다녀야 합니다.
② 저는 요리를 싫어합니다.
③ 제가 만든 요리로 파티를 하고 싶습니다.
④ 요리를 못하면 친구를 초대할 수 없습니다.

12.

내일은 할 일이 많습니다. 오전에는 집청소도 하고 빨래도 해야 합니다. 그리고 오후에 도서관에서 책을 빌린 후에 명동에 친구와 영화를 보러 갈 겁니다.

① 저는 오전에는 집안일을 해야 합니다.
② 저는 오후에 도서관에 책을 돌려줄 겁니다.
③ 저는 명동에서 영화를 볼 겁니다.
④ 저는 내일 바쁩니다.

解答	1 ③	2 ③	3 ②	4 ①	5 ④	6 ②	7 ①	8 ②	9 ②	10 ③
	11 ③	12 ④								

1. うちの兄は外国で働いています。今度の休みの時，私は兄の家に行くことにしました。早く休みになってほしいです。

① 私は外国で働きたいです。

② 休みの時に海外に行って気分がいいです。

❸ 兄に早く会いたいです。

④ 私は兄と一緒に住みたいです。

2. 私は毎週末の朝，コーヒーショップに行きます。あそこでコーヒーも飲み，音楽も聞き，勉強もします。来週末もまた行くつもりです。

① 私は音楽をよく聞きます。

② 私はコーヒーをたくさん飲みます。

❸ 週末コーヒーショップに行くのが好きです。

④ 勉強はコーヒーショップでしなければなりません。

3. ミンスさんは水泳が上手です。私は水泳を習ったことがないけれど，水泳が上手になりたいです。それで来週からミンスさんが水泳を教えてくれることになりました。

① 私は水泳が上手です。

❷ 私はミンスさんに水泳を習います。

③ 水泳が上手になったら海へ行きたいです。

④ ミンスさんは水泳を教えるのが好きです。

4. 私は今年，韓国に留学に来ました。韓国語の勉強は大変ですが本当に面白いです。そして来年，故郷に帰ったら自国の人たちに韓国語を教えたいです。

❶ 故郷で韓国語の先生がしたいです。

② 私は故郷に早く帰りたいです。

③ 私は韓国で働きたいです。

④ 私は韓国でずっと住みたいです。

5. 私は減量しています。だからご飯と肉は食べず，野菜だけ食べています。毎朝ジョギングも 1 時間ずつしています。

① 私は野菜が嫌いです。

② 運動は 1 時間以上しなければなりません。

③ 私は毎日運動をしたいです。

❹ 私はダイエットをしています。

6. 人々はサッカーを見にサッカー場によく行きます。週末や仕事が終わった後にサッカーをする人も多いです。そして会うとサッカーの話もたくさんします。

① サッカーする人が多いです。

❷ サッカーが好きな人が多いです。

③ 人に会ったらサッカーの話をしなければなりません。

④ サッカーを見る人が多いです。

7. 私は時間があったら本を読みます。勉強より本のほうが好きです。本を読むと多くのことが学べます。

❶ 私の趣味は読書です。

② 私は勉強が嫌いです。

③ 私は時間があったら図書館へ行きます。

④ 読書が勉強より大事です。

8. 先週ネットショップでスカートを買いました。私は黒色のスカートを買ったんですが，青いスカートが届きました。だから明日，電話して交換しようと思います。

① 私はスカートの色が気に入りません。

❷ スカートが間違って届いたので明日交換するつもりです。

③ 私はネットショッピングが好きです。

④ ネットショッピングは便利です。

9. 前回の休みに両親と雪岳山へ旅行に行きました。雪岳山見物もして友達に贈るお土産も買いました。昨日，友達にお土産と手紙を送ったので楽しみです。

① 友達と一緒に旅行に行きたいです。

❷ お土産を受け取った友達が喜んでくれたらいいです。

③ 雪岳山には記念になる土産物が多いです。

④ 家族たちは旅行が好きです。

10. 私は下宿に住んでいます。下宿に住むのは韓国文化が学べるのでいいのですが，トイレが共同なのが不便です。そして私は昨日，ひとり暮らしがしたくて不動産屋に行きました。

① 私は下宿に住み続けたいです。

② 外国人は下宿に住むのがいいです。

❸ 私は最近家を探しています。

④ 他人と一緒に住むには不便です。

11. 私は料理が上手ではありません。だから最近，料理教室に通いながら料理を習っています。もっと料理が上手になったら友達を招待して私が作った料理を一緒に食べたいです。

① 料理が上手になるには料理教室に通わなければなりません。

② 私は料理が嫌いです。

❸ 私が作った料理でパーティがしたいです。

④ 料理が下手なら友達を招待できません。

12. 明日はやることが多いです。午前は家の掃除もして洗濯もしなければなりません。そして午後，図書館で本を借りた後，明洞に友達と映画を見に行く予定です。

① 私は午前，家事をしなければなりません。

② 私は午後，図書館に本を返す予定です。

③ 私は明洞で映画を見る予定です。

❹ 私は明日，忙しいです。

①と③は内容としては合っていますが，ひっかけです。主題としては④がふさわしいです。

文章を読んで答える穴埋め問題と内容一致問題が各1問ずつ出題されます。

※ [49～50] 다음을 읽고 물음에 답하십시오.
（次を 読んで 問に 答えなさい）

> 저는 여행을 좋아합니다. 연휴가 있으면 꼭 여행을 갑니다. 친구들과 같이
> 가는 것도 좋아하지만 혼자서 가는 것도 좋아합니다. 혼자서 여행을 가면
> (㉠) 계획을 바꿀 수 있어서 좋습니다. 여행에서 만난 친구가 우리
> 동네에 놀러 오면 저는 우리 동네를 안내합니다.

49. ㉠에 들어갈 알맞은 말을 고르십시오.
（ に 入る 適当な 言葉を 選びなさい）

　① 친구를 사귈 수 있고

　② 친구에게 연락할 수 있고

　③ 선물을 살 수 있고

　④ 선물을 줄 수 있고

50. 이 글의 내용과 같은 것을 고르십시오.
（この 文の 内容と 同じ ものを 選びなさい）

　① 저는 여행을 꼭 혼자서 갑니다.

　② 저는 계획을 바꾸지 않습니다.

　③ 저는 여행에서 만난 친구에게 우리 동네를 안내합니다.

　④ 저는 평일에 여행을 자주 갑니다.

☞ 答えを導くためのアドバイス

　パターン5までの問題と比べて長文です。49番は文脈に適する表現を入れる問題
で，語彙力を図る問題です。50番は内容と一致する文を探す問題で，読解力を測る
問題です。まずは49番と50番の選択肢を読んだ後に本文を読むようにしましょう。
本文を読みながら50番の選択肢に○か×を付けていきます。穴埋め問題は ㉠ の前
後に答えのヒントとなるキーワードがあるので，文章を読みながら内容を推測しま
しょう。㉠ が含まれる文章を読む際に49番の問題を解きます。

> 私は旅行が好きです。連休があると必ず旅行に行きます。友達と一緒に行くのも
> 好きですがひとりで行くのも好きです。ひとりで旅行に行くと（　　㋐　　）計画を
> 変えることもできるのでいいです。旅行で出会った友達が私の町に遊びに来ると
> 私は地元を案内します。

49.　㋐に入る適当な言葉を選びなさい。

　　❶　友達を作ることもできるし

　　②　友達に連絡することもできて

　　③　お土産も買えて

　　④　お土産もあげることができて

50.　この文の内容と同じものを選びなさい。

　　①　私は旅行に必ず一人で行きます。⋯→ 友達と行くことも好き

　　②　私は計画を変えないです。⋯→ ひとり旅は計画を変えられるからいい

　　❸　私は旅行で出会った友達に私の町を案内します。

　　④　私は平日，旅行によく行きます。⋯→ 連休に旅行する

1-2

요즘 스마트폰으로 자전거를 (㉠) 서비스가 생겼습니다. 자전거를 이용한 후에 돌려줄 때는 가까운 자전거 주차장에 주차하면 됩니다. 길이 막힐 때 자전거를 타고 가면 시간도 절약되고 교통비도 절약이 됩니다. 그리고 운동도 할 수 있어서 이용하는 사람이 많아지고 있습니다.

1. ㉠에 들어갈 알맞은 말을 고르십시오.

① 살 수 있는   ② 바꿀 수 있는

③ 빌릴 수 있는   ④ 찾을 수 있는

2. 이 글의 내용과 같은 것을 고르십시오.

① 전화를 걸어서 예약해야 합니다.

② 길이 밀리면 이용할 수 없습니다.

③ 이 서비스를 이용하는 사람이 많습니다.

④ 자전거를 타고 운동하러 가는 사람이 많습니다.

3-4

저는 혼자 삽니다. 옛날에는 식당에서 밥을 자주 먹었지만 요즘은 집에서 (㉠) 먹습니다. 그렇지만 요리를 잘 못하기 때문에 혼자 사는 사람들을 위한 요리 학원에 다닙니다. 요리를 배우기 시작한 후에는 건강도 좋아지고 돈도 절약할 수 있어서 좋습니다.

3. ㉠에 들어갈 알맞은 말을 고르십시오.

① 사서   ② 배달해서

③ 씻어서   ④ 만들어서

4. 이 글의 내용과 같은 것을 고르십시오.

① 식당의 밥은 맛있습니다.

② 저는 요리를 잘합니다.

③ 저는 요리 수업을 듣습니다.

④ 요리를 하면 시간을 절약할 수 있습니다.

5-6 저는 지난달에 중국어 공부를 시작했습니다. 중국어 학원에서 공부를 하지만 이야기할 친구가 없습니다. 그런데 인터넷에서 한국어를 공부하는 중국 사람이 한국인 친구를 찾았습니다. 그래서 우리는 일주일에 한 번 커피숍에서 중국어와 한국어로 (㉠).

5. ㉠에 들어갈 알맞은 말을 고르십시오.
① 술을 마십니다.　　　　② 대화를 합니다.
③ 책을 읽습니다.　　　　④ 커피를 마십니다.

6. 이 글의 내용과 같은 것을 고르십시오.
① 저는 중국인 친구가 많습니다.
② 저는 외국어 공부를 좋아합니다.
③ 저는 친구와 매주 만납니다.
④ 저는 중국어를 아주 잘합니다.

7-8 저는 공부 카페에 자주 갑니다. 커피숍에서는 이야기를 하거나 음식을 먹는 사람이 많아서 좀 시끄럽습니다. 그렇지만 공부 카페는 (㉠) 일이나 공부를 할 때 좋습니다. 또 여러 사람이 사용할 수 있는 방이 있어서 시험 기간에는 친구와 모르는 것을 물어보면서 공부할 수 있습니다.

7. ㉠에 들어갈 알맞은 말을 고르십시오.
① 조용해서　　　　② 친절해서
③ 사람이 없어서　　　　④ 비싸서

8. 이 글의 내용과 같은 것을 고르십시오.
① 저는 공부 카페를 좋아합니다.
② 커피숍에서는 공부하면 안 됩니다.
③ 공부 카페는 혼자만 이용할 수 있습니다.
④ 공부 카페는 시험 기간에만 이용할 수 있습니다.

解答 1 ③ 2 ③ 3 ④ 4 ③ 5 ② 6 ③ 7 ① 8 ①

1-2

最近スマホで自転車を(　㋐　)サービスができました。自転車を利用した後，返す時に近くにある駐輪場に駐車すればよいのです。道が込んでいる時，自転車に乗って行くと時間も節約できるし，交通費も節約できます。そして，運動もできるので利用する人が多くなっています。

1.　㋐に入る適当な言葉を選びなさい。
①　買える　　　　　　　　　②　変えられる
❸　借りられる　　　　　　　④　探せる

2.　この文の内容と同じものを選びなさい。
①　電話をかけて予約しなければなりません。 … 電話をかけるかどうかは不明
②　道が混むと利用できません。 … 渋滞時に利用すると時間も交通費も節約できる
❸　このサービスを利用する人が多いです。
④　自転車に乗って運動しに行く人が多いです。 … 自転車に乗ると運動にもなる

3-4

私はひとり暮らしをしています。昔は食堂でご飯をよく食べましたが，最近は家で(　㋐　)食べます。しかし，料理があまり上手ではないのでひとりで暮らしている人達のための料理教室に通っています。料理を習い始めて以来，健康になったし，お金も節約できていいです。

3.　㋐に入る適当な言葉を選びなさい。
①　買って　　　　　　　　　②　配達して
③　洗って　　　　　　　　　❹　作って

4.　この文の内容と同じものを選びなさい。
①　食堂の料理はおいしいです。… 味の話はしてない
②　私は料理が上手です。… 料理が下手で料理教室に通っている
❸　私は料理のレッスンを受けています。
④　料理をすると時間が節約できます。… お金が節約できる

수업을 듣다: レッスンを受ける

153

5-6

私は先月，中国語の勉強を始めました。中国語教室で勉強をしていますが，話す友達がいません。ところが，ネットで韓国語を勉強する中国人が韓国人の友達を探していました。それで私たちは週に一度コーヒーショップで中国語と韓国語で（　㋐　）。

5. ㋐に入る適当な言葉を選びなさい。

① お酒を飲みます。　　　　　　❷ 会話をします。

③ 本を読みます。　　　　　　　④ コーヒーを飲みます。

6. この文の内容と同じものを選びなさい。

① 私は中国人の友達が多いです。 … **中国人の友達がいないのでネットで探した**

② 私は外国語の勉強が好きです。 … **外国語が好きかどうかは書かれていない**

❸ 私は友達と毎週会います。

④ 私は中国語がとても上手です。 … **先月から勉強し始めた**

7-8

私は勉強カフェによく行きます。コーヒーショップでは話をしたり食べ物を食べたりする人が多いので，ちょっとうるさいです。しかし，勉強カフェは（　㋐　）仕事や勉強をする時にいいです。また，多数の人が使用できる部屋があるので，試験期間には友達とわからないところを質問しながら勉強できます。

7. ㋐に入る適当な言葉を選びなさい。

❶ 静かなので　　　　　　　　② 親切なので

③ 人がいないので　　　　　　④ （値段が）高いので

8. この文の内容と同じものを選びなさい。

❶ 私は勉強カフェが好きです。

② コーヒーショップで勉強してはいけません。 … **勉強してもいいが好きではない**

③ 勉強カフェはひとりでしか利用できません。 … **多くの人が利用可（여러 사람）**

④ 勉強カフェは試験期間だけ利用できます。 … **試験期間は友達と大部屋を利用できる**

文章を読んで答える穴埋め問題と主題を探す問題が各1問ずつ出題されます。

次を　読んで　問に　答えなさい
※ [51～52] 다음을 읽고 물음에 답하십시오.

> 보통 다이어트할 때 사람들은 밥을 먹지 않습니다. 그렇지만 밥을 먹지
> 않으면 살은 빠지지만 건강이 나빠집니다. 그리고 다시 살이 찌기 쉽습니다.
> 그러니까 건강하게 살을 빼려면 (　㉠　) 고기와 채소를 같이 먹어야
> 합니다. 또 아침, 점심, 저녁 규칙적으로 밥을 먹으면 더 좋습니다.

に　入る　適当な　言葉を　選びなさい
51. ㉠에 들어갈 알맞은 말을 고르십시오.

① 운동하거나

② 운동하지만

③ 운동하는데

④ 운동하면서

何に　ついて　話しているか　選びなさい
52. 무엇에 대한 이야기인지 고르십시오.

① 건강에 좋은 운동

② 건강하게 살을 빼는 방법

③ 건강에 좋은 음식

④ 건강이 나빠지는 이유

🦋 **答えを導くためのアドバイス**

　パターン6同様, 51番と52番の選択肢を読んだ後に本文を読みます。51番は
文脈に適する表現を入れる問題です。 最近は語彙より文法関連の問題がよく出題さ
れる傾向にあります。同じ単語の語尾の表現だけが異なる場合, まず単語だけを入
れて文を読み, 前後の文脈を把握して最も適切な文法表現を探します。52番は文章
の主題を探す問題です。文章の最初あるいは最後に主題がある場合が多いですが,
たまに途中に大事な内容が書かれている場合もあるので最初から最後まできちんと
読みましょう。

だいたいダイエットする時，人々は食事をとりません。しかし，食事をとらないと体重は減りますが健康は悪くなります。そしてまた太りやすいです。なので，健康的にやせるには（　㋐　）肉と野菜を一緒に食べなければなりません。また，朝昼晩，規則正しく食事を取ると更にいいです。

51. ㋐に入る適当な言葉を選びなさい。
　① 運動したり
　② 運動するけど
　③ 運動するが
　❹ 運動しながら

52. 何について話しているか選びなさい。
　① 健康にいい運動
　❷ 健康的にやせる方法
　③ 健康にいい食べ物
　④ 健康が悪くなる理由

1-2

> 스트레스가 쌓이면 빨리 풀어야 합니다. 스트레스는 몸에 좋지 않기 때문입니다. 그러면 어떻게 푸는 것이 좋을까요? 먼저 하루에 3분 정도 명상을 하면 좋습니다. 그리고 하루에 15분 정도 산책하면서 (㉠) 좋습니다. 햇빛은 우리 몸에 좋은 비타민 D를 만들어 줘서 기분 전환에 도움이 됩니다. 또 좋아하는 음악을 듣는 것도 효과가 있습니다.

1. ㉠에 들어갈 알맞은 말을 고르십시오.
　　① 햇빛을 보면　　　　　② 햇빛을 보지만
　　③ 햇빛을 볼 수 있는데　④ 햇빛을 본 후에

2. 무엇에 대한 이야기인지 고르십시오.
　　① 스트레스가 쌓이는 이유　② 스트레스에 좋은 운동
　　③ 스트레스를 푸는 방법　　④ 스트레스의 나쁜 점

3-4

> 예전에는 미술관에 가서 그림을 볼 때 조용히 봐야 했습니다. 좋아하는 그림을 가까운 곳에서 보고 싶고 만져 보고 싶지만 할 수 없었습니다. 그렇지만 최근에 유명한 작품들을 실제로 (㉠) 직접 만들어 볼 수 있는 전시회가 생겨서 인기가 많습니다. 물론 작품은 진짜가 아니고 가짜지만 아이들과 같이 체험할 수도 있어서 아주 좋습니다. 여러분도 한번 가 보세요. 좋아하는 작품을 만들어 보세요.

3. ㉠에 들어갈 알맞은 말을 고르십시오.
　　① 만져야 하고　　　① 만지면 안 되고
　　③ 만질 수 있고　　　④ 만지면

4. 무엇에 대한 이야기인지 고르십시오.
　　① 미술관 관람 방법　　② 체험할 수 있는 미술관
　　③ 아이를 위한 미술관 그림 교실　④ 가짜 그림 전시회

5-6

날씨가 따뜻한 봄이 되면 벚꽃, 진달래 같은 꽃이 많이 핍니다. 그래서 사람들은 꽃 구경을 하러 갑니다. 여름에 장마철이 끝나면 강이나 산으로 휴가를 갑니다. 여름에는 많이 덥지만 가을이 되면 날씨가 선선합니다. 그리고 (㉠) 산에 단풍을 보러 갑니다. 겨울에는 춥고 눈도 많이 옵니다. 눈이 오면 스키나 스케이트를 타러 갑니다.

5. ㉠에 들어갈 알맞은 말을 고르십시오.
① 단풍이 들거나   ② 단풍이 들어서
③ 단풍이 들지만   ④ 단풍이 들면

6. 무엇에 대한 이야기인지 고르십시오.
① 한국 사람의 취미   ② 한국의 사계절
③ 한국의 날씨   ④ 한국 사람의 휴가

7-8

요즘 식당에 가면 자판기가 있습니다. 이 자판기는 손님이 직접 음식을 주문할 수 있습니다. 자판기에서 식권을 산 후 자리에 앉습니다. 자리에 종업원이 오면 종업원에게 식권을 줍니다. 자판기는 외국어 메뉴도 있어서 한국어를 모르는 사람들도 사용할 수 있습니다. 그리고 음식 이름을 (㉠) 사진이 있어서 쉽게 주문할 수 있어서 아주 편리합니다.

7. ㉠에 들어갈 알맞은 말을 고르십시오.
① 몰라서   ② 몰라도
③ 모르기 때문에   ④ 모르거나

8. 무엇에 대한 이야기인지 고르십시오.
① 한국의 식당
② 식권 자판기의 좋은 점
③ 자판기 사용 방법
④ 외국인이 음식을 주문하는 방법

解答 1 ① 2 ③ 3 ③ 4 ② 5 ④ 6 ② 7 ② 8 ②

1-2

ストレスが溜まったら早く解消しないといけません。ストレスは体によくないからです。ではどのように解消すればよいでしょうか？　まず，一日3分ほど瞑想をするといいです。そして15分ほど散歩しながら（　㋐　）いいです。日差しは私たちの体に良いビタミンDを作ってくれて気分転換に役立ちます。また，好きな音楽を聞くのも効果があります。

1. ㋐に入る適当な言葉を選びなさい。
   ❶ 日差しを見ると　　　② 日差しを見ますが
   ③ 日差しが見えるけど　　　④ 日差しを見た後

2. 何について話しているか選びなさい。
   ① ストレスが溜まる理由
   ② ストレス発散にいい運動
   ❸ ストレスをほぐす方法
   ④ ストレスの悪い点

3-4

昔は美術館へ行って絵を見る時は静かに見ないといけませんでした。好きな絵を近くで見たいし触ってみたいけどできませんでした。しかし，最近有名な作品を実際に（　㋐　）自分で作ってみたりすることができる展示会ができて人気があります。もちろん作品は本物ではなくニセモノですが，子どもたちと一緒に体験もできるのでとてもいいです。皆さんも一度行ってみてください。好きな作品を作ってみてください。

3. ㋐に入る適当な言葉を選びなさい。
   ① 触らないといけないし　　　② 触ってはいけないし
   ❸ 触れるし　　　④ 触ったら

4. 何について話しているか選びなさい。
   ① 美術館の観覧方法
   ❷ 体験できる美術館
   ③ 子どものための美術館の絵画教室
   ④ ニセモノの絵の展示会

5-6

天気が暖かい春になると桜やツツジといった花がたくさん咲きます。そして人々は花見をしに行きます。夏には梅雨が終わると川や山へ休暇を過ごしに行きます。夏はとても暑いですが秋になると気候は涼しいです。そして（　⑦　）山に紅葉を見に行きます。冬は寒くて雪もたくさん降ります。雪が降るとスキーやスケートをしに行きます。

5. ⑦に入る適当な言葉を選びなさい。

① 紅葉したり　　　　　　　　② 紅葉するので
③ 紅葉するが　　　　　　　　❹ 紅葉すると

6. 何について話しているか選びなさい。

① 韓国人の趣味
❷ 韓国の四季
③ 韓国の天気
④ 韓国人の休暇

7-8

最近食堂に行くと自販機があります。この自販機はお客が直接料理を注文できます。自販機で食券を買った後，席に座ります。席へ従業員が来ると従業員に食券を渡します。自販機は外国語のメニューもあるので韓国語がわからない人も使えます。そして料理の名前を（　⑦　）写真があるので簡単に注文できるのでとても便利です。

7. ⑦に入る適当な言葉を選びなさい。

① 知らないので　　　　　　　❷ 知らなくても
③ 知らないために　　　　　　④ 知らなかったり

8. 何について話しているか選びなさい。

① 韓国のレストラン
❷ 食券自販機のよい点
③ 自販機の使用法
④ 外国人が食べ物を注文する方法

出題パターン *8*

文章を読んで答える穴埋め問題と内容一致問題が各1問ずつ出題されます。

※ [53~54] 次を 読んで 問に 答えなさい

※ [53~54] 다음을 읽고 물음에 답하십시오.

> 저는 운동을 좋아해서 자주 스포츠 센터에 갑니다. 우리 동네에는 스포츠 센터가 없어서 항상 회사 근처에 있는 곳에 다녔습니다. 그런데 지난달에 집 근처에 스포츠 센터가 새로 생겼습니다. 걸어서 10분 정도 가야 하지만 깨끗하고 수영장도 있어서 좋습니다. 그리고 지금 (㉠) 할인을 받을 수 있습니다. 그래서 저는 다음 달부터 아들하고 수영을 배우러 다닐 겁니다.

に 入る 適当な 言葉を 選びなさい

53. ㉠에 들어갈 알맞은 말을 고르십시오.

① 신청해서

② 신청했지만

③ 신청하면

④ 신청하는데

この 文の 内容と 同じ ものを 選びなさい

54. 이 글의 내용과 같은 것을 고르십시오.

① 우리 동네에 스포츠 센터가 없습니다.

② 저는 지금 동네 스포츠 센터에서 운동합니다.

③ 회사 근처 스포츠 센터에는 수영장이 없습니다.

④ 저는 아들하고 운동할 겁니다.

答えを導くためのアドバイス

　前の問題より難易度を増しています。解き方はパターン6を参考にしてください。文章を読む前に各選択肢を確認しましょう。53番を解く際には前後の文に注意します。最近は語彙より文法関連問題がよく出題されます。54番は文を読みながら○×を付けていくと時間の短縮になります。本文の表現そのままが答えになることは滅多にありません。普段から類似表現を覚えておきましょう。

私は運動が好きなのでよくスポーツジムに行きます。私の町にはスポーツジムがなかったで，いつも会社の近くにあるところまで通いました。しかし先月，家の近所にスポーツジムが新しくできました。歩いて 10 分くらい行かないといけないけど，きれいでプールもあるのでいいです。そして今（　　㋐　　）割引してもらえるのです。それで私は来月から息子と水泳を習いに通うつもりです。

53. ㋐に入る適当な言葉を選びなさい。

① 申し込んだので

② 申し込んだけど

❸ 申し込むと

④ 申し込むが

54. この文の内容と同じものを選びなさい。

① 私の町にスポーツジムがありません。⋯➡ 先月家の近所に新しくできた

② 私は今，町のスポーツジムで運動しています。⋯➡ 来月からする予定

③ 会社近くのスポーツジムにはプールがありません。⋯➡ プールの有無は不明

❹ 私は息子と運動するつもりです。

1-2
요즘에 어린이 도서관에 가는 사람이 많습니다. 어린이 도서관은 어른이 읽는 책은 없고 아이들 책만 있습니다. 한국어 책뿐만 아니라 다른 나라의 책도 있습니다. 어린이 도서관에는 신발을 벗고 들어갑니다. 그래서 의자에 앉아서 책을 읽을 수 있고 (㉠) 누워서도 볼 수 있습니다. 책을 재미있게 읽어 주는 선생님도 있습니다. 선생님과 같이 책을 읽은 후에는 친구들과 이야기를 나눌 수 있습니다.

1. ㉠에 들어갈 알맞은 말을 고르십시오.
① 바닥에 앉지만　　　　② 바닥에 앉아서
③ 바닥에 앉으면　　　　④ 바닥에 앉거나

2. 이 글의 내용과 같은 것을 고르십시오.
① 어린이 도서관에 어른은 갈 수 없습니다.
② 어린이 도서관에는 한국어 책만 있습니다.
③ 어린이 도서관에는 의자가 없습니다.
④ 어린이 도서관에서는 친구들과 말할 수 있습니다.

3-4
저는 강아지를 두 마리 키웁니다. 처음에는 작고 귀여웠는데 제가 먹을 것을 많이 줬기 때문에 지금 살이 많이 쪘습니다. 매일 아침에 강아지들과 같이 산책을 가는데 옛날에는 강아지들이 너무 빨리 뛰어서 산책이 힘들었습니다. 그런데 살이 찐 후 강아지들은 뛰지 않고 길에 앉습니다. 강아지들의 건강을 위해서 이제는 살을 빼야 할 것 같습니다. 간식도 (㉠) 주고 집에서도 같이 운동해야겠습니다.

3. ㉠에 들어갈 알맞은 말을 고르십시오.
① 전혀　　　　② 조금만
③ 자주　　　　④ 별로

4. 이 글의 내용과 같은 것을 고르십시오.
① 우리 집 강아지는 뚱뚱합니다.
② 우리 집 강아지는 산책을 좋아합니다.
③ 우리 집 강아지는 잘 뜁니다.
④ 우리 집 강아지는 지금 살을 빼고 있습니다.

5-6

한국 사람들은 비가 오는 날 특별한 음식을 먹습니다. 그 음식은 바로 파전입니다. 파전을 먹는 이유는 비가 올 때 나는 소리가 파전을 만들 때 나는 소리와 비슷하기 때문입니다. 또 비가 오면 별로 기분이 좋지 않습니다. 그런데 밀가루로 만드는 파전을 먹으면 (㉠) 만들어 줍니다. 여러분도 비 오는 날 맛있는 파전을 한번 드셔 보세요.

5. ㉠에 들어갈 알맞은 말을 고르십시오.

① 기분을 좋게   ② 사람들을 바쁘게

③ 가격을 싸게   ④ 사람들에게 맛있게

6. 이 글의 내용과 같은 것을 고르십시오.

① 한국 사람들이 가장 좋아하는 음식은 파전입니다.

② 파전을 만들면 기분이 나쁩니다.

③ 파전은 밀가루로 만듭니다.

④ 비가 오는 소리를 들으면 파전을 만듭니다.

7-8

저는 음악 감상을 아주 좋아합니다. 일본 음악뿐만 아니라 여러 나라의 음악을 듣습니다. 그 중에서 한국 음악을 제일 좋아합니다. 한국 노래를 (㉠) 한국어 공부도 됩니다. 그 나라의 음악을 들으면서 그 나라 말을 공부하는 것은 아주 좋은 외국어 공부법입니다. 다음 달에 제가 좋아하는 가수의 콘서트가 한국에서 열립니다. 빨리 다음 달이 됐으면 좋겠습니다.

7. ㉠에 들어갈 알맞은 말을 고르십시오.

① 여러 번 들으면   ② 정말 좋아하면

③ 일본 노래와 비교하면   ④ 만들어 보면

8. 이 글의 내용과 같은 것을 고르십시오.

① 저는 한국 노래만 듣습니다.

② 외국어 공부를 할 때 그 나라의 노래를 들으면 좋습니다.

③ 제가 좋아하는 가수의 공연이 일본에서 있습니다.

④ 지난달에 제가 좋아하는 가수의 공연을 봤습니다.

解答 1 ④ 2 ④ 3 ② 4 ① 5 ① 6 ③ 7 ① 8 ②

1-2
近頃，子ども図書館へ行く人が多いです。子ども図書館は大人が読む本はなく，子ども向けの本ばかりあります。韓国語の本だけでなくほかの国の本もあります。子ども図書館には靴を脱いで上がります。そして，椅子に座って本を読めるし，（　㋐　）横になったりして読むこともできます。本を面白く読み聞かせしてくれる先生もいます。先生と一緒に本を読んだ後には友達と話し合うこともできます。

1. ㋐に入る適当な言葉を選びなさい。
① 床に座るけど　　② 床に座って
③ 床に座ると　　**④ 床に座ったり**

2. この文の内容と同じものを選びなさい。
① 子ども図書館に大人は行けません。→ 大人向けはないけど行けるかどうかは不明
② 子ども図書館は韓国語の本のみです。→ ほかの国の本もある
③ 子ども図書館には椅子がありません。→ 椅子に座って本が読める
④ 子ども図書館では友達とお話しできます。

3-4
私は子犬を2匹飼っています。最初は小さくてかわいかったのに，私が食べ物をたくさん与えたせいで，今はすごく太りました。毎朝子犬たちと一緒に散歩に行くのですが，昔は子犬たちがとても速く走っていたので散歩が大変でした。ところが太った後，子犬たちは走らず道に座ります。子犬たちの健康のためにこれからは体重を減らさなければならないようです。おやつも（　㋐　）与えて家でも一緒に運動しなければなりません。

3. ㋐に入る適当な言葉を選びなさい。
① まったく　　**② 少しだけ**
③ しょっちゅう　　④ あまり

4. この文の内容と同じものを選びなさい。
① うちの犬は太っています。
② うちの犬は散歩が好きです。→ 犬が散歩が好きかどうかは書かれていない
③ うちの犬はよく走ります。→ 昔は走っていたが今は走らず道に座る
④ うちの犬は今体重を減らしています。→ これからする予定でまだ実行していない

165

5-6

韓国人は雨の日特別な食べ物を食べます。その食べ物はずばりパジョン（ねぎのチヂミ）です。パジョンを食べる理由は雨が降る時の音がパジョンを作る時に出る音と似ているからです。また，雨が降るとあまり機嫌がよくありません。ところが，小麦粉で作るパジョンを食べると（　㋐　）してくれます。皆さんも雨の日においしいパジョンを一度召し上がってみてください。

5. ㋐に入る適当な言葉を選びなさい。

❶ 機嫌をよく　　　　　　　② 人々を忙しく

③ 価格を安く　　　　　　　④ 人々においしく

6. この文の内容と同じものを選びなさい。

① 韓国人の一番好きな食べ物はパジョンです。⋯▸ 雨天によく食べるが好きかは不明

② パジョンを作ると機嫌が悪いです。　⋯▸ 雨が降ると機嫌が悪くなる

❸ パジョンは小麦粉で作ります。

④ 雨が降る音を聞くとパジョンを作ります。⋯▸ 雨が降る音と似ているから作る

7-8

私は音楽鑑賞がとても好きです。日本の音楽ばかりではなく，様々な国の音楽を聞きます。その中でも韓国の音楽が一番好きです。韓国の歌を（　㋐　）韓国語の勉強になります。その国の音楽を聞きながらその国の言葉を勉強することはとてもよい外国語の勉強法です。来月，私の好きな歌手のライブが韓国で開かれます。早く来月になってほしいです。

7. ㋐に入る適当な言葉を選びなさい。

❶ 数回聞くと　　　　　　　② 本当に好きなら

③ 日本の歌と比べると　　　④ 作ってみると

8. この文の内容と同じものを選びなさい。

① 私は韓国の歌ばかり聞いています。⋯▸ 色々な国の歌を聞く

❷ 外国語を勉強する時にその国の歌を聞くといいです。

③ 私の好きな歌手の公演が日本であります。⋯▸ 韓国で開催される

④ 先月私の好きな歌手の公演を見ました。⋯▸ 来月公演を見る予定

文章を読んで答える穴埋め問題と内容一致問題が各１問ずつ出題されます。

※ [55～56] 다음을 읽고 물음에 답하십시오.
<ruby>次を<rt>次を</rt></ruby> <ruby>読んで<rt>読んで</rt></ruby> <ruby>問に<rt>問に</rt></ruby> <ruby>答えなさい<rt>答えなさい</rt></ruby>

> 어머니, 오늘 집에 늦게 들어올 거예요. 오늘 시험이 끝나기 때문에
> 친구들하고 파티를 하기로 했어요. (㉠) 저를 기다리지 말고 저녁 먼저
> 드세요. 친구들이 술을 못 마셔서 저도 술은 안 마실 거예요. 걱정하지
> 마세요. 파티가 너무 늦게 끝나면 전화할게요. -딸-

55. ㉠에 들어갈 알맞은 말을 고르십시오.
に 入る 適当な 言葉を 選びなさい

① 그러니까

② 그러면

③ 그런데

④ 그리고

56. 이 글의 내용과 같은 것을 고르십시오.
この 文の 内容と 同じ ものを 選びなさい

① 어머니하고 같이 저녁을 먹을 겁니다.

② 친구들이 술을 좋아합니다.

③ 어제 시험이 끝났습니다.

④ 오늘 밤에 친구들하고 파티를 할 겁니다.

🖐**答えを導くためのアドバイス**

　解き方はパターン６を参考にしてください。まず，文章を読む前に各選択肢を確認します。55番はだいたい接続詞を入れる問題が出題されるので，（㉠）の前後の関係に注意しましょう。54番は文を読みながら○×を付けましょう。本文の表現そのままが答えになる場合は滅多にありません。普段から類似表現を覚えておきましょう。

解答▶ 55.① 56.④

> お母さん，今日，家に帰るのが遅くなります。今日は試験が終わるので友達とパーティをすることにしました。（　㋐　）私のことを待たず先に夕飯を食べてください。友達はお酒が弱いので私もお酒は飲まないつもりです。心配しないでください。パーティがあんまり遅くに終わるようなら電話します。- 娘 -

55. ㋐に入る適当な言葉を選びなさい。

　❶ だから

　② そしたら

　③ ところが

　④ そして

56. この文の内容と同じものを選びなさい。

　① 母と一緒に夕飯を食べるつもりです。⋯⋯ 母は先に夕飯を食べる

　② 友達はお酒が好きです。⋯⋯ 友達はお酒が弱く，好きかどうかは不明

　③ 昨日試験が終わりました。⋯⋯ 今日試験が終わる

　❹ 今夜，友達とパーティをする予定です。

1-2 예전에 저는 백화점에서 쇼핑을 자주 했습니다. 그런데 백화점은 가격이 비싸고 바쁠 때는 가기 힘듭니다. 그래서 요즘에는 인터넷 쇼핑을 자주 합니다. 가격이 싸고 배달도 빨라서 아주 편리합니다. (㉠) 물건이 사진과 다르거나 사이즈가 다를 때가 있습니다. 그럴 때는 전화나 이메일로 연락하면 교환이나 환불을 할 수 있습니다. 저는 앞으로도 싸고 편리한 인터넷 쇼핑을 할 겁니다.

1. ㉠에 들어갈 알맞은 말을 고르십시오.
① 그리고
② 그래서
③ 그렇지만
④ 그러면

2. 이 글의 내용과 같은 것을 고르십시오.
① 저는 백화점에서 쇼핑하는 것을 좋아합니다.
② 백화점 쇼핑은 시간이 많이 걸립니다.
③ 인터넷 쇼핑의 물건은 안 좋습니다.
④ 인터넷 쇼핑은 물건을 바꿀 수 있습니다.

3-4 지난주에 친구하고 창덕궁에 갔습니다. 창덕궁은 한국의 궁궐인데 옛날에 왕이 산 곳입니다. 친구는 한국 전통을 구경할 수 있는 곳에 가니까 한복을 입고 싶어 했습니다. (㉠) 우리는 창덕궁 옆에 있는 가게에서 한복을 빌려서 입고 창덕궁에 갔습니다. 창덕궁은 한복을 입고 가면 입장료가 무료라서 우리는 무료로 창덕궁을 구경했습니다. 창덕궁은 정말 아름다웠습니다. 다음에는 미리 예약해서 안내사의 설명도 듣고 싶습니다.

3. ㉠에 들어갈 알맞은 말을 고르십시오.
① 그런데
② 그래서
③ 그러면
④ 그리고

4. 이 글의 내용과 같은 것을 고르십시오.
① 창덕궁에 지금 왕이 삽니다.
② 우리는 창덕궁에 한복을 입고 갔습니다.
③ 한복을 무료로 빌릴 수 있습니다.
④ 우리는 창덕궁에 예약하고 갔습니다.

5-6 | 보통 감기는 계절이 바뀌는 기간이나 겨울에 많이 걸립니다. (㉠) 최근에는 여름에 감기에 걸려서 병원을 찾는 사람이 많습니다. 에어컨을 계속 사용하면서 실내 온도와 실외 온도의 차이가 심해져서 감기에 잘 걸립니다. 더우니까 차가운 음식도 많이 먹는데 건강에는 좋지 않습니다. 여름 감기를 예방하기 위해서는 손을 자주 씻고 따뜻한 음료수를 마시면 좋습니다.

5. ㉠에 들어갈 알맞은 말을 고르십시오.
① 그런데   ② 그리고
③ 그래서   ④ 왜냐하면

6. 이 글의 내용과 같은 것을 고르십시오.
① 여름에는 감기에 걸리지 않습니다.
② 더울 때 차가운 음료수를 마시면 좋습니다.
③ 여름에는 에어컨 때문에 감기에 걸리기 쉽습니다.
④ 따뜻한 음료수는 건강에 좋지 않습니다.

7-8 | 저는 지금 시골에서 삽니다. 남편과 저는 서울에서 태어나서 자랐지만 남편의 일 때문에 2년 전에 시골에 왔습니다. 시골은 공기도 좋고 채소와 과일도 싸서 좋습니다. (㉠) 가게가 별로 없고 멀어서 불편합니다. 아이의 학교가 멀어서 다니기도 힘듭니다. 그래서 우리는 다음 달에 서울로 이사를 가기로 했습니다.

7. ㉠에 들어갈 알맞은 말을 고르십시오.
① 그러면   ② 그러나
③ 그리고   ④ 그래서

8. 이 글의 내용과 같은 것을 고르십시오.
① 저는 시골이 좋습니다.
② 시골은 물건이 쌉니다.
③ 남편은 시골에서 자랐습니다.
④ 아이의 학교가 집에서 가깝습니다.

解 答 1 ③ 2 ④ 3 ② 4 ② 5 ① 6 ③ 7 ② 8 ②

1-2
> 以前，私はデパートでよくショッピングをしました。しかし，デパートは値段も高く忙しい時は行くのが大変です。それで，最近はネットショッピングをよくします。価格も安く配達も早いのでとても便利です。（　㋐　）商品が写真と違ったりサイズが間違ってたりする時があります。その時は電話やメールで連絡すると交換や返品ができます。私はこれからも安くて便利なネットショッピングを利用するつもりです。

1. ㋐に入る適当な言葉を選びなさい。
① そして　　　　　　　　② だから
❸ しかし　　　　　　　　④ そしたら

2. この文の内容と同じものを選びなさい。
① 私はデパートでショッピングするのが好きです。…▶ 最近はネットで購入している
② デパートでのショッピングは時間がたくさんかかります。
　　…▶ 忙しい時に行けないだけで時間が掛かるかどうかは不明
③ ネットショッピングの品物は（質が）よくないです。…▶ 品質については不明
❹ ネットショッピングは商品を交換できます。

3-4
> 先週，友達と昌徳宮へ行きました。昌徳宮は韓国の宮殿ですが，王様が昔住んでいた所です。友達は韓国の伝統を見物できるところに行くから，ハンボク（韓服）を着たいと言いました。（　㋐　）私たちは昌徳宮の隣にある店でハンボクを借りて着た後，昌徳宮へ行きました。昌徳宮はハンボクを着て行くと入場料が無料になるので，私たちは無料で昌徳宮を見物しました。昌徳宮はとても美しかったです。今度は前もって予約してガイドさんの説明も聞きたいです。

3. ㋐に入る適当な言葉を選びなさい。
① ところが　　　　　　　❷ それで
③ そしたら　　　　　　　④ そして

4. この文の内容と同じものを選びなさい。
① 昌徳宮には今，王様が住んでいます。…▶ 昔に住んでいた
❷ 私たちは昌徳宮にハンボクを着ていきました。
③ ハンボクは無料で借りられます。…▶ ハンボクを着ると昌徳宮の入場料が無料
④ 私たちは昌徳宮に予約して行きました。…▶ 今度来る時は予約して行きたい

171

5-6

> たいてい，風邪は季節が変わる期間や冬によく引きます。（　㋐　）最近は夏に風邪を引いて病院を訪れる人が多いです。クーラーをずっと使用すると室内の温度と室外の温度の差が激しくなるので風邪をよく引きます。暑いから冷たい食べ物もたくさん食べますが，健康にはよくありません。夏の風邪を予防するためには手をよく洗い，暖かい飲み物を飲むといいです。

5. ㋐に入る適当な言葉を選びなさい。

❶ ところが　　　　　　　　② そして

③ だから　　　　　　　　　④ なぜなら

6. この文の内容と同じものを選びなさい。

① 夏には風邪を引きません。⋯→ 最近，夏風邪を引く人が多い

② 暑い時に冷たい飲み物を飲むといいです。⋯→ 冷たい飲み物を飲みすぎると健康に悪い

❸ 夏にはクーラーのせいで風邪を引きやすいです。

④ 温かい飲み物は健康によくありません。⋯→ 夏風邪の予防には温かい飲み物がいい

7-8

> 私は今，田舎で暮らしています。夫と私はソウルで生まれて育ったのですが，夫の仕事のために 2 年前，田舎に来ました。田舎は空気もきれいで野菜や果物も安いのでいいです。（　㋐　）店があまりなく遠いので不便です。子どもの学校が遠いので通うのも大変です。それで私たちは来月，ソウルに引越すことにしました。

7. ㋐に入る適当な言葉を選びなさい。

① そしたら　　　　　　　　❷ しかし

③ そして　　　　　　　　　④ そうなので

8. この文の内容と同じものを選びなさい。

① 私は田舎が好きです。⋯→ 好きかどうかは書かれていない

❷ 田舎は物の値段が安いです。

③ 夫は田舎で育ちました。⋯→ ソウル生まれのソウル育ち

④ 子どもの学校が家から近いです。⋯→ 遠くて学校に通うのが大変

4つの文を正しい順に並び替える問題が2問出題されます。

次を 順序どおりに 正しく 羅列した ものを 選びなさい

※ [57~58] 다음을 순서대로 맞게 나열한 것을 고르십시오.

57.

| (가) 그리고 수영장에 들어가기 전에 준비 운동을 합니다. |
| (나) 30분 정도 수영을 하고 보통 5분에서 10분 정도 쉽니다. |
| (다) 저는 수영장에 오면 먼저 옷을 갈아입습니다. |
| (라) 운동이 끝나면 샤워를 하고 집에 돌아갑니다. |

① (다) - (가) - (나) - (라) 　　② (다) - (가) - (라) - (나)

③ (나) - (다) - (가) - (라) 　　④ (나) - (가) - (다) - (라)

58.

| (가) 예전에는 종이 사전을 많이 사용했습니다. |
| (나) 그래서 조금 비싸지만 편리한 전자사전을 사용하는 사람도 많습니다. |
| (다) 전자 사전은 발음도 들을 수 있고 가벼워서 정말 편하기 때문입니다. |
| (라) 그런데 종이 사전은 무거워서 집에서만 사용하게 됩니다. |

① (가) - (라) - (다) - (나) 　　② (가) - (라) - (나) - (다)

③ (가) - (다) - (나) - (라) 　　④ (가) - (다) - (라) - (나)

✌答えを導くためのアドバイス

　接続詞や指示詞，時間を表す名詞などが文の順番を判断する時に大事なポイントになります。だいたい，1問は「저(私)」と関係のある話で，もう1問はある対象についての紹介や説明です。「저」と関係のある話の場合,順番は「事件の背景」→「事件紹介」→「事件の処理過程の説明」→「結果や今までの内容整理」になります。紹介する問題の場合,順番は「話題の提示や前提」→「文章の主題」→「具体的な内容」→「具体的な内容」になります。3番目と4番目は「原因」－「結果」もしくは「結果」－「原因」のような形になります。

57.

> (다) 私はプールに来るとまず服を着替えます。
>
> (가) そしてプールに入る前に準備運動をします。
>
> (나) 30分程度泳いでたいてい5分から10分ぐらい休みます。
>
> (라) 運動が終わるとシャワーを浴びて家に帰ります。

❶ (다)-(가)-(나)-(라)　　　② (다)-(가)-(라)-(나)

③ (나)-(다)-(가)-(라)　　　④ (나)-(가)-(다)-(라)

58.

> (가) 以前は紙の辞書をたくさん使いました。
>
> (라) ところが紙の辞書は重いので，家でのみ使うようになります。
>
> (나) だから少し高いけど，便利な電子辞書を使う人も多いです。
>
> (다) 電子辞書は発音も聞けるし軽くて本当に便利だからです。

① (가)-(라)-(다)-(나)　　　❷ (가)-(라)-(나)-(다)

③ (가)-(다)-(나)-(라)　　　④ (가)-(다)-(라)-(나)

1. (가) 편의점에서 일하는 것은 힘들었지만 돈을 벌 수 있으니까 기뻤습니다.
(나) 부모님께서는 기뻐하셨고 우리 가족은 다 같이 외식을 했습니다.
(다) 이번 방학에 처음으로 편의점에서 일했습니다.
(라) 첫 월급으로 저는 부모님께 선물을 사 드리고 용돈도 드렸습니다.

① (다) - (가) - (나) - (라)   ② (다) - (가) - (라) - (나)
③ (다) - (라) - (가) - (나)   ④ (다) - (라) - (나) - (가)

2. (가) 한국은 예절을 중요하게 생각합니다.
(나) 먼저 어른이 수저를 들기 전에 먼저 먹기 시작하면 안 됩니다.
(다) 그리고 어른이 식사를 끝내면 그때 식사를 끝냅니다.
(라) 그래서 어른들과 밥을 먹을 때 조심해야 합니다.

① (가) - (나) - (다) - (라)   ② (가) - (나) - (라) - (다)
③ (가) - (라) - (다) - (나)   ④ (가) - (라) - (나) - (다)

3. (가) 그래서 저는 새해의 계획을 세웠습니다.
(나) 오늘은 1월 1일입니다.
(다) 그리고 건강을 위해서 매일 아침 여자 친구와 운동을 하기로 했습니다.
(라) 먼저 한국에 유학가기 위해서 열심히 한국어 공부를 할 겁니다.

① (나) - (라) - (다) - (가)   ② (나) - (라) - (가) - (다)
③ (나) - (가) - (다) - (라)   ④ (나) - (가) - (라) - (다)

4. (가) 그렇지만 회사에 다니면서 운동하기가 쉽지 않습니다.
(나) 예를 들면 지하철에서 계단을 이용하고 한 정류장 먼저 내려서 집까지 걷습니다.
(다) 요즘 건강을 위해서 운동하는 사람이 많습니다.
(라) 그런 사람은 출퇴근 시간을 활용해서 운동하면 좋습니다.

① (다) - (나) - (가) - (라)   ② (다) - (나) - (라) - (가)
③ (다) - (가) - (나) - (라)   ④ (다) - (가) - (라) - (나)

5.

(가) 왜냐하면 한국의 옛날 건물들을 좋아하기 때문입니다.

(나) 제 친구 마이클 씨도 고궁을 좋아해서 다음 주에 같이 가려고 합니다.

(다) 주말이 되면 주로 고궁에 사진을 찍으러 갑니다.

(라) 제 취미는 사진 찍기입니다.

① (라) – (가) – (나) – (다)　　　② (라) – (가) – (다) – (나)

③ (라) – (다) – (가) – (나)　　　④ (라) – (다) – (나) – (가)

6.

(가) 먼저 아름다운 야경과 유명한 가수의 공연을 볼 수 있습니다.

(나) 더운 여름 밤에 무엇을 하면 좋을까요?

(다) 그리고 야시장에서 맛있는 음식들도 사 먹을 수 있습니다.

(라) 서울 한강공원에서는 시민들을 위해서 밤 시간에 여러 행사를 합니다.

① (나) – (가) – (다) – (라)　　　② (나) – (가) – (라) – (다)

③ (나) – (라) – (가) – (다)　　　④ (나) – (라) – (다) – (가)

7.

(가) 다시 화장실에 갔지만 지갑은 없었습니다.

(나) 어제 부모님의 생신 선물을 사러 백화점에 갔습니다.

(다) 그런데 화장실에 지갑을 놓고 왔습니다.

(라) 그때 안내 방송이 나와서 지갑을 찾을 수 있었습니다.

① (나) – (다) – (라) – (가)　　　② (나) – (다) – (가) – (라)

③ (나) – (라) – (가) – (다)　　　④ (나) – (라) – (다) – (가)

8.

(가) 그리고 언제, 어디에서나 공부할 수 있습니다.

(나) 인터넷은 학원보다 가격이 쌉니다.

(다) 좋은 점이 많아서 인터넷으로 공부하는 사람이 많아질 것 같습니다.

(라) 요즘은 학원에 가지 않고 인터넷으로 공부할 수 있습니다.

① (라) – (가) – (나) – (다)　　　② (라) – (가) – (다) – (나)

③ (라) – (나) – (가) – (다)　　　④ (라) – (나) – (다) – (가)

解答 1 ② 2 ④ 3 ④ 4 ④ 5 ③ 6 ③ 7 ② 8 ③

1.
| (다) 今度の休みに初めてコンビニで働きました。 |
| (가) コンビニで働くのは大変でしたが，お金が稼げるのでうれしかったです。 |
| (라) 初給料で私は両親にプレゼントを買ってあげ，お小遣いもあげました。 |
| (나) 両親は喜んでくれて，うちの家族皆で外食をしました。 |

① (다)-(가)-(나)-(라)　　　❷ (다)-(가)-(라)-(나)
③ (다)-(라)-(가)-(나)　　　④ (다)-(라)-(나)-(가)

2.
| (가) 韓国は礼儀を重んじます。 |
| (라) そのため，目上の人とご飯を食べる時に注意が必要です。 |
| (나) まず目上の人がスプーンや箸を持つ前に先に食べ始めてはいけません。 |
| (다) そして目上の人が食事を終えたら，その時に食事を終えます。 |

① (가)-(나)-(다)-(라)　　　② (가)-(나)-(라)-(다)
③ (가)-(라)-(다)-(나)　　　❹ (가)-(라)-(나)-(다)

3.
| (나) 今日は1月1日です。 |
| (가) だから私は新年の計画を立てました。 |
| (라) まず，韓国に留学するために一生懸命韓国語の勉強をするつもりです。 |
| (다) そして健康のために毎朝，彼女と運動をすることにしました。 |

① (나)-(라)-(다)-(가)　　　② (나)-(라)-(가)-(다)
③ (나)-(가)-(다)-(라)　　　❹ (나)-(가)-(라)-(다)

4.
| (다) 最近，健康のために運動する人が多いです。 |
| (가) しかし，会社に勤めながら運動するのは容易ではありません。 |
| (라) そんな人は通勤時間を活用して運動するといいです。 |
| (나) たとえば，地下鉄で階段を利用して一駅前に降りて，家まで歩きます。 |

① (다)-(나)-(가)-(라)　　　② (다)-(나)-(라)-(가)
③ (다)-(가)-(나)-(라)　　　❹ (다)-(가)-(라)-(나)

5.
| (라) 私の趣味は写真を撮ることです。 |
| (다) 週末になると主に古宮へ写真を撮りに行きます。 |
| (가) なぜなら韓国の昔の建物が好きだからです。 |
| (나) 私の友達，マイケルさんも古宮が好きなので，来週一緒に行く予定です。 |

① (라)-(가)-(나)-(다)　　　② (라)-(가)-(다)-(나)
❸ (라)-(다)-(가)-(나)　　　④ (라)-(다)-(나)-(가)

6.

> (나) 暑い夏の夜，何をすればよいでしょうか。
> (라) ソウル・漢江公園では市民のために夜の時間，様々なイベントをします。
> (가) まず，美しい夜景と有名な歌手の公演を見ることができます。
> (다) そして夜市ではおいしい食べ物も買って食べられます。

① (나)-(가)-(다)-(라)　　② (나)-(가)-(라)-(다)

❸ (나)-(라)-(가)-(다)　　④ (나)-(라)-(다)-(가)

7.

> (나) 昨日，両親の誕生日プレゼントを買いにデパートへ行きました。
> (다) ところがトイレに財布を置いて出ました。
> (가) 再びトイレに行きましたが，財布はありませんでした。
> (라) その時，案内放送があり財布が見つかりました。

① (나)-(다)-(라)-(가)　　❷ (나)-(다)-(가)-(라)

③ (나)-(라)-(가)-(다)　　④ (나)-(라)-(다)-(가)

8.

> (라) 最近，塾に行かずネットで勉強ができます。
> (나) ネットは塾より値段が安いです。
> (가) そして，いつでもどこでも勉強できます。
> (다) よい点が多いので，ネットで勉強する人が増えるでしょう。

① (라)-(가)-(나)-(다)　　② (라)-(가)-(다)-(나)

❸ (라)-(나)-(가)-(다)　　④ (라)-(나)-(다)-(가)

文章を読んで 2 つの問いに答える問題です。

※ [59~60] 次を 読んで 問に 答えなさい
다음을 읽고 물음에 답하십시오.

> 외국에 있는 한식당에서 외국인이 가장 많이 먹는 음식은 무엇일까요?
> (㉠) 그것은 바로 비빔밥입니다. (㉡) 이때 매운 음식을 못 먹는
> 사람은 고추장을 조금만 넣으면 됩니다. (㉢) 비빔밥은 먹는 방법도
> 재미있지만 영양소가 골고루 들어가서 건강에 아주 좋습니다. (㉣) 또
> 모양도 아주 예쁘고 맛도 좋기 때문에 인기가 많습니다.

次の 文章が 入る ところを 選びなさい
59. 다음 문장이 들어갈 곳을 고르십시오.

> 비빔밥은 밥 위에 나물과 고기를 올린 후에 고추장을 넣고 비벼서 먹습니다.

① ㉠   ② ㉡   ③ ㉢   ④ ㉣

この 文の 内容と 同じ ものを 選びなさい
60. 이 글의 내용과 같은 것을 고르십시오.

① 외국에서 한식당이 인기가 많습니다.

② 비빔밥을 만드는 방법은 아주 간단합니다.

③ 건강을 위해서 비빔밥을 먹는 사람이 많습니다.

④ 매운 음식을 못 먹는 사람도 비빔밥을 먹을 수 있습니다.

🖐 答えを導くためのアドバイス

　59 番は本文にある㉠㉡㉢㉣の中から問題の提示文が入る最も適切な箇所を探す問題です。まずは提示文を読んでから本文を読みましょう。読む時は接続詞や文と文の関係に注意を払って読むことが重要です。60 番は文を読みながら○×を付けるとよいでしょう。本文の表現そのまま答えになる場合は滅多にありません。普段から類似表現を覚えておきましょう。

外国にある韓国料理店で外国人が一番食べている料理は何でしょうか？（　㋐　）
それはずばりビビンバです。（　㋑　）この時，辛いものが苦手な人はコチュジャ
ンを少しだけ入れればいいです。（　㋒　）ビビンバは食べ方も面白いけれど栄養
分もバランスよく入っているので健康にもとてもいいです。（　㋓　）また，見
た目もとてもきれいで味もいいからとても人気があります。

59. 次の文章が入るところを選びなさい。

ビビンバはご飯の上にナムルと肉を乗せた後にコチュジャンを入れて，混ぜて食べ
ます。

① ㋐　　　❷ ㋑　　　③ ㋒　　　④ ㋓

60. この文の内容と同じものを選びなさい。

① 外国で韓国料理店はとても人気があります。⋯ ビビンバの人気が高い

② ビビンバを作る方法はとても簡単です。　⋯ 作る方法については書かれていない

③ 健康のためビビンバを食べる人が多いです。⋯ 健康のためかどうかは不明

❹ 辛いものが苦手な人もビビンバが食べられます。

1-2

저는 시장에 장을 보러 갈 때는 필요한 물건의 목록을 써 갑니다.
(㉠) 그리고 꼭 밥을 먹고 갑니다. (㉡) 배가 고프면 음식이 더
맛있어 보입니다. (㉢) 또 음식을 많이 먹을 수 있을 것 같습니다.
(㉣) 그렇지만 배가 부르면 필요한 것만 사서 집에 돌아옵니다.

1. 다음 문장이 들어갈 곳을 고르십시오.

그래서 목록에 없는 재료도 많이 삽니다.

① ㉠   ② ㉡   ③ ㉢   ④ ㉣

2. 이 글의 내용과 같은 것을 고르십시오.
① 시장에는 필요한 물건이 모두 있습니다.
② 배가 고프면 힘들어서 장을 볼 수 없습니다.
③ 저는 배가 부르면 목록의 물건만 삽니다.
④ 배가 고프면 시장 음식이 더 맛있습니다.

3-4

저는 만화책을 아주 좋아합니다. (㉠) 학생 때는 수업이 끝난 후에
친구들과 만화방에서 만화책을 읽었습니다. (㉡) 만화방에서 라면이나
과자도 먹고 좋아하는 만화책 이야기를 하는 것이 즐거웠습니다. (㉢)
인터넷으로 만화를 읽을 수 있기 때문입니다. (㉣) 지금도 만화를
좋아하지만 가끔 친구들과 간 만화방이 그립습니다.

3. 다음 문장이 들어갈 곳을 고르십시오.

그런데 요즘은 만화책은 읽지만 만화방에는 가지 않습니다.

① ㉠   ② ㉡   ③ ㉢   ④ ㉣

4. 이 글의 내용과 같은 것을 고르십시오.
① 만화방에서는 음식을 먹으면 안 됩니다.
② 지금은 만화방이 없습니다.
③ 저는 요즘 인터넷으로 만화책을 읽습니다.
④ 요즘도 가끔 친구들과 만화방에 갑니다.

5-6

우리 가족은 모두 음악을 좋아합니다. (㉠) 형은 피아노를 배웠고 저는 바이올린을 연주합니다. (㉡) 아버지께서는 노래 부르기를 좋아하시고 어머니께서는 플루트를 부십니다. (㉢) 형이 피아노를 치면 아버지께서 노래를 부르십니다. (㉣)어머니와 저도 같이 연주합니다.

5. 다음 문장이 들어갈 곳을 고르십시오.

그래서 우리 가족은 주말에 다 같이 모여서 연주회를 엽니다.

① ㉠   ② ㉡   ③ ㉢   ④ ㉣

6. 이 글의 내용과 같은 것을 고르십시오.

① 우리 가족은 모두 음악가입니다.

② 저는 바이올린을 켭니다.

③ 아버지는 노래를 만듭니다.

④ 형과 저는 어머니에게 악기를 배웁니다.

7-8

한국의 전통 옷인 한복은 색이 아름답고 한국의 전통 문화를 체험할 수 있어서 외국인들에게 인기가 많습니다. (㉠) 또 고궁에 한복을 입고 가면 입장료가 무료라서 한복 입은 외국인을 많이 볼 수 있습니다. (㉡) 그렇지만 한복을 입은 한국 사람은 많지 않습니다. (㉢) 전통한복은 입는 방법이 복잡하고 생활할 때 불편하기 때문입니다. (㉣)

7. 다음 문장이 들어갈 곳을 고르십시오.

그래서 요즘은 아름다운 전통한복을 생활하기 편하게 만든 한복이 나와서 젊은 사람들이 많이 찾습니다.

① ㉠   ② ㉡   ③ ㉢   ④ ㉣

8. 이 글의 내용과 같은 것을 고르십시오.

① 외국인은 고궁 입장료가 무료입니다.

② 한국 사람은 한복을 싫어합니다.

③ 전통한복은 편합니다.

④ 고궁에는 한복을 입은 외국인이 많습니다.

解答　1 ④　2 ③　3 ③　4 ③　5 ③　6 ②　7 ④　8 ④

1-2
> 私は市場に買い物に行く時には必要な物のリストを書いていきます。（　㋐　）そして必ずご飯を食べてから行きます。（　㋑　）お腹が空くと食べ物がより美味しそうに見えます。（　㋒　）また，食べ物をたくさん食べられそうな気がします。（　㋓　）しかし，お腹がいっぱいになると必要なものだけ買って家に帰ります。
>
> 　　　　　　　　　　　　　　　　　　　　장을 보다：買い物をする

1. 次の文が入るところを選びなさい。
> だから，リストにない材料もたくさん買います。

① ㋐　　② ㋑　　③ ㋒　　**❹ ㋓**

2. この文の内容と同じものを選びなさい。
① 市場には必要なものがすべてあります。⋯→ すべてあるとは書かれていない
② お腹が空くと疲れて買い物ができません。⋯→ 空腹だと必要以上に買ってしまう
❸ 私はお腹がいっぱいになるとリストのものだけを買います。
④ お腹が空くと市場の食べ物がもっと美味しいです。⋯→ 美味しそうに見える

3-4
> 私は漫画が大好きです。（　㋐　）学生の時は授業が終わった後に友達と漫画喫茶で漫画を読みました。（　㋑　）漫画喫茶でラーメンやお菓子も食べて，好きな漫画の話をするのが楽しかったです。（　㋒　）ネットで漫画が読めるからです。（　㋓　）今でも漫画は好きだけど，たまに友達と行った漫画喫茶が恋しいです。
>
> 　　　　　　　　　　　　　　　　　　　　그립다：なつかしい

3. 次の文章が入るところを選びなさい。
> ところが最近は，漫画は読むけど漫画喫茶には行きません。

① ㋐　　② ㋑　　**❸ ㋒**　　④ ㋓

4. この文の内容と同じものを選びなさい。
① 漫画喫茶では食べ物を食べてはいけません。⋯→ ラーメンやお菓子を食べられる
② 今は漫画喫茶がありません。⋯→ 最近は漫画喫茶に行かない
❸ 私は近頃ネットで漫画を読みます。
④ 今も，たまに友達と漫画喫茶に行きます。⋯→ 今は行っていない

183

5-6

私の家族は皆，音楽が好きです。（　㋐　）兄はピアノを習っており，私はバイオリンを演奏します。（　㋑　）父は歌を歌うのが好きで母はフルートを吹きます。（　㋒　）兄がピアノを弾くと父が歌います。（　㋓　）母と私も一緒に演奏します。

5. 次の文章が入るところを選びなさい。

だから，私の家族は週末，皆一緒に集まり演奏会を開きます。

① ㋐　　② ㋑　　❸ ㋒　　④ ㋓

6. この文の内容と同じものを選びなさい。

① うちの家族はみんな音楽家です。⋯⋯ **音楽が好きだが音楽家かどうかは不明**

❷ 私はバイオリンを弾きます。

③ 父は歌を作ります。⋯⋯ **父は歌を歌う**

④ 兄と私は母に楽器を習っています。⋯⋯ **習っているかどうかは書かれていない**

7-8

韓国の伝統的な服であるハンボクは色が美しく，韓国の伝統文化が体験できることから外国人にとても人気があります。（　㋐　）また，古宮へハンボクを着て行くと入場料が無料のため，ハンボクを着る外国人をたくさん見られます。（　㋑　）しかしハンボクを着る韓国人は多くありません。（　㋒　）伝統的なハンボクは着方が複雑で生活する時に不便だからです。（　㋓　）

7. 次の文章が入るところを選びなさい。

だから，最近は美しい伝統的なハンボクを生活しやすく作ったハンボクが出て，若者たちが多く求めています。

① ㋐　　② ㋑　　③ ㋒　　❹ ㋓

8. この文の内容と同じものを選びなさい。

① 外国人は古宮の入場料が無料です。⋯⋯ **ハンボクを着ると無料になる**

② 韓国人はハンボクが嫌いです。⋯⋯ **あまり着ないが嫌いとは書かれていない**

③ 伝統的なハンボクは楽です。⋯⋯ **生活するには不便**

❹ 古宮にはハンボクを着た外国人が多いです。

文章を読んで答える穴埋め問題と内容一致問題が各１問ずつ出題されます。

※ [61~62] 다음을 읽고 물음에 답하십시오.
（次を　読んで　問に　答えなさい）

> 저는 책을 좋아합니다. 책을 사서 읽을 때도 있지만 주로 도서관에서 빌려서
> 봅니다. 퇴근 후에 도서관에 가면 책을 빌릴 수 없습니다. 왜냐하면 도서관은
> 6시에 문을 닫기 때문입니다. 그래서 요즘에는 지하철역 무인대출시스템을
> 이용합니다. 이 서비스는 인터넷으로 보고 싶은 책을 예약하면 제가 받고
> 싶은 지하철역으로 책을 갖다 줍니다. 예약한 책을 받을 때는 지하철역에
> 설치된 '도서무인예약대출기'에 회원 번호와 비밀번호를 입력하면 됩니다.
> 책을 (㉠) 때는 도서무인예약대출기 옆에 있는 반납함에 넣으면 됩니다.
>
> (※무인대출시스템：無人貸出システム／도서무인예약대출기：図書無人予約貸出機)

61. ㉠에 들어갈 알맞은 말을 고르십시오.
（入る　適当な　言葉を　選びなさい）

① 빌릴　　　　　② 살

③ 돌려줄　　　　④ 예약할

62. 이 글의 내용과 같은 것을 고르십시오.
（この　文の　内容と　同じ　ものを　選びなさい）

① 회사원은 도서관을 이용할 수 없습니다.

② 요즘 지하철역에 도서관이 많이 생겼습니다.

③ 책을 반납할 때는 도서관에 가야 합니다.

④ 예약한 책을 받을 때 회원 번호와 비밀번호가 필요합니다.

👆 答えを導くためのアドバイス

　問題を解くコツはパターン６と同じで，内容的には情報や紹介が多く出題される傾向です。61番は文脈に適する表現を入れる問題で，語彙を選ぶ問題が出たり文法に関する問題が出たりと毎回異なるタイプの問題が出題されます。穴埋め問題は㉠の前後の文に答えのヒントとなるキーワードがあるので，文章を読みながら内容を推測しましょう。　同じ単語の語尾の表現だけが違う場合，まず単語だけを入れて文を読み，前後の文脈を把握して一番適切な文法表現を選ぶとよいでしょう。62番は本文の表現そのまま答えになる場合は滅多にありません。

解答 61.③　62.④

私は本が好きです。本を買って読む時もありますが，主に図書館で借りて見ます。
退勤後に図書館に行くと本が借りられません。なぜなら図書館は6時に終わるか
らです。それで最近は地下鉄駅の無人貸出システムを利用しています。このサー
ビスはネットで読みたい本を予約すると私が受け取りたい地下鉄駅まで本を持っ
てきてくれます。予約した本を受け取る時は駅に設置している「図書無人予約貸
出機」に会員番号と暗証番号を入力するとできます。本を（　㋐　）時は図書無人
予約貸出機の横にある返却箱に入れればいいのです。

61. ㋐に入る適当な言葉を選びなさい。

① 借りる　　　　　　　　　② 買う

❸ 返す　　　　　　　　　　④ 予約する

62. この文の内容と同じものを選びなさい。

① 会社員は図書館が利用できません。⋯ **時間が合わなくて利用しにくい**

② 最近，地下鉄駅に図書館がたくさんできました。⋯ **図書無人予約貸出機ができた**

③ 本を返却する時は図書館へ行かなければなりません。⋯ **返却箱に入れる**

❹ 予約した本を受け取る時に会員番号と暗証番号が必要です。

1-2

> 비행기로 여행갈 때 짐이 많아서 힘듭니까? 그럼 '여행가방 당일 택배 서비스'를 이용해 보세요. 이 서비스는 택배로 공항에 미리 가방을 보내고 출발하는 날 공항에서 받을 수 있습니다. 물론 도착한 후에도 공항에서 집으로 가방을 보낼 수도 있습니다. 이 서비스를 이용하면 출발하는 날 아침부터 무거운 가방을 들고 다니지 않아도 돼서 아주 편리합니다. (㉠) 출발일 최소 2일 전에 서비스를 신청해야 합니다.

1. ㉠에 들어갈 알맞은 말을 고르십시오.

① 그리고 ② 그러니까

③ 그러면 ④ 그렇지만

2. 이 글의 내용과 같은 것을 고르십시오.

① 이 서비스를 이용하면 여행지에서 가방을 받을 수 있습니다.

② 이 서비스는 공항에서 신청해야 합니다.

③ 이틀 전에 신청하면 서비스를 이용할 수 있습니다.

④ 공항에서 집으로 짐을 보내는 서비스는 없습니다.

3-4

> 공연을 보러 가면 항상 관객들은 자리에 앉아서 배우의 연기를 보기만 합니다. 그런데 관객들이 (㉠) 수 있는 공연이 있습니다. 어느 날 사건이 벌어집니다. 관객들은 이 사건의 목격자가 되어 형사인 배우에게 질문을 받습니다. 관객의 대답에 맞춰서 배우들이 그 자리에서 연기합니다. 이렇게 관객과 배우가 함께 공연을 만들고, 볼 때마다 결말이 달라지기 때문에 여러 번 이 공연을 보는 사람도 있습니다.
>
> (※형사:刑事／목격자:目撃者)

3. ㉠에 들어갈 알맞은 말을 고르십시오.

① 직접 참여할 ② 가끔 볼

③ 자주 갈 ④ 계속 만날

4. 이 글의 내용과 같은 것을 고르십시오.

① 이 공연에서 관객은 형사입니다.

② 관객은 미리 배우와 연습합니다.

③ 질문은 배우가 합니다.

④ 이 공연의 결말은 정해져 있습니다.

5-6

주말에 친구와 오랜만에 시내에 놀러갔는데 '재활용 자판기'가 있었습니다. 보통 자판기는 돈을 넣고 원하는 물건을 사지만 재활용 자판기는 재활용 쓰레기를 넣으면 포인트가 쌓입니다. 자판기에 넣을 수 있는 쓰레기는 깨끗한 캔과 패트병입니다. 포인트가 2000점 쌓이면 현금으로 (㉠) 기부할 수 있습니다. 환경에도 좋고 착한 일도 할 수 있는 일석이조 자판기입니다.

5. ㉠에 들어갈 알맞은 말을 고르십시오.
 ① 바꾸거나
 ② 바꾸고 싶지만
 ③ 바꾸려고
 ④ 바꿀 것 같고

6. 이 글의 내용과 같은 것을 고르십시오.
 ① 재활용 자판기에서 재활용품을 살 수 있습니다.
 ② 패트병만 사용할 수 있습니다.
 ③ 포인트로 어려운 사람을 도울 수 있습니다.
 ④ 포인트는 2000점이 넘으면 쓸 수 없습니다.

7-8

봄에는 아름다운 꽃, 여름에는 푸른 나무, 가을에는 빨갛고 노란 단풍, 겨울에는 하얀 눈을 구경하기 위해서 사람들은 산에 많이 갑니다. 등산하면서 사람들은 스트레스도 풀고 건강도 유지할 수 있지만 사람들이 많이 찾아오면 산은 힘듭니다. 그래서 산을 보호하기 위해 사람의 출입을 일정 기간 제한하는 자연휴식년제를 만들었습니다. 앞으로 여행 계획을 세울 때 자연휴식년 기간을 (㉠) 좋을 겁니다.

7. ㉠에 들어갈 알맞은 말을 고르십시오.
 ① 언제 예약하면
 ② 자주 등산하면
 ③ 미리 확인하면
 ④ 가끔 구경하면

8. 이 글의 내용과 같은 것을 고르십시오.
 ① 사람들을 위해서 자연휴식년제를 만들었습니다.
 ② 자연휴식년 기간에는 등산할 수 없습니다.
 ③ 등산을 많이 하면 자연은 스트레스가 풀립니다.
 ④ 사계절 중에서 가을에 등산을 제일 많이 갑니다.

解答 1 ④ 2 ③ 3 ① 4 ③ 5 ① 6 ③ 7 ③ 8 ②

1-2

> 飛行機で旅行する時いつも荷物が多くて大変ですか？ それなら「スーツケー
> ス当日宅配サービス」を利用してみてください。このサービスは宅配便で空港
> に前もってカバンを送り，出発する日に空港で受け取れます。もちろん到着し
> た後にも空港から家までカバンを送ることもできます。このサービスを利用す
> ると出発日の朝から重いカバンを持ち運ばなくてもいいので，大変便利です。
> （ ⑦ ）出発日から少なくとも2日前にサービスを申し込まないといけません。

1. ⑦に入る適当な言葉を選びなさい。

   ① そして　　　　　　　　　② だから

   ③ そしたら　　　　　　　　❹ しかし

2. この文の内容と同じものを選びなさい。

   ① このサービスを利用すると旅行先でカバンが受け取れます。···→ 出発する空港で受け取れる

   ② このサービスは空港で申し込まないといけません。···→ 申し込み場所は不明

   ❸ 2日前に申し込むとサービスを利用できます。

   ④ 空港から家まで荷物を送るサービスはありません。···→ 到着後に空港から送れる

3-4

> 公演を見に行くといつも観客は席に座って俳優の演技を見るだけです。ところが
> 観客が（ ⑦ ）ことができる公演があります。ある日，事件が起きます。観客は
> この事件の目撃者になって刑事である俳優から質問を受けます。観客の答えに合
> わせて俳優がその場で演技します。このように観客と俳優が一緒に公演を作り上
> げ，見るたびに結末が変わるので幾度もこの公演を見る人もいます。

3. ⑦に入る適当な言葉を選びなさい。

   ❶ 直接参加する　　　　　　② たまに見る

   ③ よく行く　　　　　　　　④ ずっと会う

4. この文の内容と同じものを選びなさい。

   ① この公演で観客は刑事です。···→ 観客は目撃者になる

   ② 観客は事前に俳優と練習します。···→ 観客への答えに俳優がその場で演技をする

   ❸ 質問は俳優がします。

   ④ この公演の結末は決っています。···→ 見るたびに結末が変わる

5-6

週末に友達と久しぶりに市内へ遊びに行ったのですが，「リサイクル自販機」がありました。普通，自販機はお金を入れて必要なものを買いますが，リサイクル自販機は資源ゴミを入れるとポイントが溜まります。自販機に入れられるゴミはきれいな缶とペットボトルです。ポイントが2,000点溜まると現金に（　㋐　）寄付できたりします。環境にもいいし，善いこともできる一石二鳥の自販機です。

5. ㋐に入る適当な言葉を選びなさい。

  ❶ 変えたり　　　　　　　　② 変えたいけど

  ③ 変えようと　　　　　　　④ 変えそうで

6. この文の内容と同じものを選びなさい。

  ① リサイクル自販機でリサイクル用品が買えます。　⋯→ 自販機で資源ゴミが売れる

  ② ペットボトルだけ使えます。⋯→ 缶とペットボトルが使える

  ❸ ポイントで困窮な人を助けられます。

  ④ ポイントは2000点を超えると使えません。⋯→ 2,000点から使える

7-8

春には美しい花，夏には青い木，秋には赤くて黄色い紅葉，冬には白い雪を見物するために多くの人々が山へ行きます。登山しながら人々はストレスも解消して健康も維持できますが，人がたくさん訪れると山は疲弊します。そのため山を保護するために人の出入りを一定の期間制限する自然休息年制度を作りました。今後は旅行の計画を立てる時，休息年期間を（　㋐　）いいでしょう。

7. ㋐に入る適当な言葉を選びなさい。

  ① いつ予約すると　　　　　② よく登山すると

  ❸ 事前に確認すると　　　　④ たまに見物すると

8. この文の内容と同じものを選びなさい。

  ① 人々のために自然休息年制度を作りました。⋯→ 山の保護のために作った

  ❷ 自然休息年期間には登山できません。

  ③ 登山をたくさんすると自然はストレスが解消されます。⋯→ 山はストレスが溜まる

  ④ 四季の中で秋に一番多く登山します。⋯→ 四季を問わず人々は山へ行く

文章を読んで答える穴埋め問題と内容一致問題が各１問ずつ出題されます。

次を　読んで　問に　　答えなさい
※ [63 ~ 64] 다음을 읽고 물음에 답하십시오.

받는 사람:	semi@korea.edu; lingling@korea.edu; kalm@korea.edu; …
제목:	졸업생 여러분, 축하드립니다.
보낸 사람:	korean@korea.edu

여러분 졸업을 축하드립니다.

한 학기 동안 열심히 한국어를 공부하고 무사히 한국어학교를 졸업하는 분들을
축하하기 위해 다음 주 금요일 1시부터 3시까지 졸업 파티를 합니다.
졸업생과 졸업을 축하해 주고 싶은 분들은 모두 학교 강당으로 오시기 바랍니다.
졸업 파티에서는 간단한 음식을 먹으면서 여러 행사를 할 예정입니다.
오실 분들은 이번 주 금요일까지 이메일로 신청해 주시기 바랍니다.
여러분의 많은 신청을 기다리고 있겠습니다.

한국대학교 학생회

なぜ　この　文を　書いたのか　合う　ものを　　選びなさい
63. 왜 이 글을 썼는지 맞는 것을 고르십시오.

① 졸업생을 축하하려고　　② 졸업 파티를 안내하려고

③ 졸업 파티를 계획하려고　④ 졸업 파티 신청 방법을 알려 주려고

この　文の　　内容と　　同じ　ものを　　選びなさい
64. 이 글의 내용과 같은 것을 고르십시오.

① 졸업생만 참가할 수 있습니다.

② 행사는 학교 강당에서 합니다.

③ 행사에 음식을 준비해서 가야 합니다.

④ 참가하고 싶은 사람은 전화로 연락해야 합니다.

📖 **答えを導くためのアドバイス**

　メールやネット掲示板の形式の文章で，タイトルを通じて全体のテーマや重要な
情報を得られます。63 番は作者の意図を把握する問題です。だいたい最初か最後に
目的が示されています。64 番は内容の理解より情報を探すことが重要です。

《大学の学生会が卒業生に向けたメール》

受信者：	semi@korea.edu；lingling@korea.edu；　kalm@korea.edu；…
件名：	卒業生のみなさん，おめでとうございます。
送信者：	korean@korea.edu

皆さん卒業おめでとうございます。

一学期間，一生懸命に韓国語を勉強し，無事に韓国語学校を卒業する皆さんを祝うために，来週の金曜日1時から3時まで卒業パーティをします。
卒業生と卒業を祝ってあげたい方は皆，学校の講堂にお越し願います。
卒業パーティでは簡単な料理を食べながら様々な行事をする予定です。
お越しの方は今週の金曜日までにメールでお申し込みください。
皆さんの申込みをお待ちしております。

韓国大学校学生会

63.　なぜこの文を書いたのか合うものを選びなさい。
　　① 卒業生を祝うために
　　❷ 卒業パーティを案内するために
　　③ 卒業パーティを計画するために
　　④ 卒業パーティの申込み方法を教えるために

64.　この文の内容と同じものを選びなさい。
　　① 卒業生だけ参加できます。…▶ 卒業生と一緒にお祝いしたい人
　　❷ 行事は学校の講堂で行います。
　　③ 行事に食べ物を準備して行かなければなりません。…▶ 料理は学生会が準備する
　　④ 参加したい人は電話で連絡しなければなりません。…▶ メールで申し込む

1-2

받는 사람:	seaview@hotel.com
제목:	예약 부탁드립니다.
보낸 사람:	kanghee@hankuk.com

안녕하세요. 바다정원 팬션이지요?

방을 예약하고 싶어서 메일을 보냅니다.
5월 10일부터 12일까지 4명 가족이 가려고 합니다.
침대방 온돌방 모두 좋지만 바다가 보이는 방이면 좋겠습니다.
그리고 주차장이 있습니까?
처음 가는 곳이라서 가는 방법도 가르쳐 주시면 좋겠습니다.
저녁에 바비큐를 할 수 있는 장소도 있습니까?
확인하면 바로 이메일로 연락부탁드리겠습니다.

-박강희

1. 왜 이 글을 썼는지 맞는 것을 고르십시오.
① 숙소를 소개 받으려고
② 숙소를 예약하려고
③ 관광 안내를 받으려고
④ 예약을 취소하려고

2. 이 글의 내용과 같은 것을 고르십시오.
① 3박 4일을 예약하고 싶습니다.
② 연락을 이메일로 받고 싶습니다.
③ 바다가 보이는 침대방을 예약하고 싶습니다.
④ 예전에 가 본 적이 있습니다.

3-4

받는 사람:	misun@korea.edu
제목:	박미선 선생님께
보낸 사람:	sera@korea.edu

선생님, 방학 때 댁에 초대해 주셔서 감사합니다.

이번 방학에는 고향에 가지 않고 계속 한국에 있어서 외로웠습니다.

그런데 선생님 댁에서 가족분들과 같이 이야기도 나누고 김장도 해서 좋았습니다.

그때 담근 김치가 정말 맛있어서 매일 먹고 있습니다.

선생님 덕분에 방학을 즐겁게 보냈습니다.

다음에는 저희 고향집으로 선생님과 선생님 가족을 초대하고 싶습니다.

꼭 시간 내 주세요.

그럼 학교에서 뵙겠습니다. 안녕히 계세요.

세라 올림

3. 왜 이 글을 썼는지 맞는 것을 고르십시오.

① 집에 초대해 준 것이 고마워서

② 김치가 맛있어서

③ 선생님을 집에 초대하고 싶어서

④ 선생님 댁에 가고 싶어서

4. 이 글의 내용과 같은 것을 고르십시오.

① 세라 씨는 방학 때 고향에 돌아갔습니다.

② 세라 씨는 선생님과 김치를 담갔습니다.

③ 세라 씨는 방학 때 선생님을 집으로 초대했습니다.

④ 세라 씨는 방학을 외롭게 보냈습니다.

서주시 문화 행사

문화	제5회 '외국인 예절 교실'이 이번 달 18일에 열립니다. 한국의 전통 문화를 체험해 보고 싶은 많은 외국인들의 참여 바랍니다.
행사 • 예절 교실 • 달리기 대회	- 일시: 20XX년 8월 18일(토) 10:00 ~ 18:00 - 장소: 서주시청 제9회의실 - 행사 내용 　1. 한복 입는 방법 배우기 　2. 한국의 전통 차 체험 　3. 큰절 배우기 - 참가 대상: 한국 문화에 관심이 있는 외국인 누구나 - 참가비: 5000원 - 참가 신청: 이메일이나 전화

5. 왜 이 글을 썼는지 맞는 것을 고르십시오.

① 행사 참가를 확인하려고

② 행사 날짜 변경을 알려 주려고

③ 행사 내용을 알려 주려고

④ 행사를 함께 준비할 사람을 찾으려고

6. 이 글의 내용과 같은 것을 고르십시오.

① 예절 교실은 올해 처음으로 시작했습니다.

② 예절 교실은 한국 사람도 참가할 수 있습니다.

③ 예절 교실에 참가하려면 돈을 내야 합니다.

④ 예절 교실에서 한복을 만들 수 있습니다.

방의 공기가 깨끗해집니다!

1인용 공기청정기입니다. 요즘 공기가 안 좋아서 한 달 전에 샀습니다. 그런데 큰 집으로 이사를 가서 필요한 분에게 팝니다. 사서 일주일 정도만 사용해서 깨끗합니다. 산 가격은 50,000원인데 판매는 배달 비용을 포함해서 25,000원입니다. 관심 있는 분은 이메일로 연락 주십시오.

7. 왜 이 글을 썼는지 맞는 것을 고르십시오.
① 공기청정기를 사고 싶어서
② 공기청정기가 좋은 것을 알리고 싶어서
③ 공기청정기를 바꾸고 싶어서
④ 공기청정기를 팔고 싶어서

8. 이 글의 내용과 같은 것을 고르십시오.
① 이 공기청정기는 큰 집에서 사용할 수 있습니다.
② 이 사람은 공기청정기를 25,000원에 샀습니다.
③ 이 공기청정기는 사용한 적이 없습니다.
④ 공기청정기를 사용하면 방 공기가 깨끗해집니다.

解答 1 ② 2 ② 3 ① 4 ② 5 ③ 6 ③ 7 ④ 8 ④

1-2：お客がホテルに予約するために送るメール

受信者：	seaview@hotel.com
件名：	予約お願いいたします。
送信者：	kanghee@hankuk.com

こんにちは。バダジョンウォンペンションでしょうか？

部屋を予約したいのでメールを送ります。
5月10日から12日まで家族4人で行く予定です。
ベッドの部屋とオンドルの部屋どちらでも可ですが，海が見える部屋がいいです。
また，駐車場はありますか？
初めて行くところなので行き方も教えてくださると助かります。
夜，バーベキューができる場所もありますか？
確認でき次第，メールでご連絡お願いいたします。

- パク・カンヒ

1. なぜこの文を書いたのか合うものを選びなさい。
   ① 宿を紹介してもらうために
   ❷ 宿を予約するために
   ③ 観光案内をしてもらうために
   ④ 予約をキャンセルするために

2. この文の内容と同じものを選びなさい。
   ① 3泊4日で予約したいです。⋯→ 10日から12日まで2泊3日
   ❷ 連絡をメールでもらいたいです。
   ③ 海が見えるベッドの部屋を予約したいです。⋯→ 海が見えるならベッドでなくてもいい
   ④ 以前行ってみたことがあります。⋯→ 初めて行く

3-4：家に招待してくれた先生に感謝のメール

受信者：	misun@korea.edu
件名：	パク・ミソン先生に
送信者：	sera@korea.ede

先生，休みにご自宅へ招待していただきありがとうございました。
今回の休みは故郷へ帰らずずっと韓国にいたので寂しかったです。
しかし先生の家で家族の方と一緒に話も交わして、キムジャンもして楽しかったです。
その際に漬けたキムチが本当に美味しくて毎日食べています。
先生のおかげで休みを楽しく過ごしました。
今度は私の実家に先生と先生の家族を招待したいです。
ぜひ，時間をお作りください。
ではまた学校でお会いしましょう。さようなら。

セラより

※冬に備えてキムチを大量に漬ける韓国の伝統文化。

3. なぜこの文を書いたのか合うものを選びなさい。
   ❶ 家に招待したことに感謝したいから
   ② キムチがおいしいから
   ③ 先生を家に招待したいから
   ④ 先生の家に行きたいから

4. この文の内容と同じものを選びなさい。
   ① セラさんは休みに故郷へ帰りました。⋯➡ 故郷に帰らずにずっと韓国にいた
   ❷ セラさんは先生とキムチを漬けました。
   ③ セラさんは休みに先生を家に招待しました。⋯➡ 先生がセラさんを家に招待した
   ④ セラさんは休みを寂しく過ごしました。⋯➡ 先生の家で楽しく過ごした

ソジュ市 文化・行事

文化	第5回「外国人礼儀教室」が今月18日に開かれます。

文化

行事
- 礼儀教室
- ランニング大会

第5回「外国人礼儀教室」が今月18日に開かれます。
韓国の伝統文化を体験してみたい多くの外国人の参加をお待ちします。
- 日時：20××年 8月 18日(土) 10:00 ～ 18:00
- 場所：ソジュ市役所 第9会議室
- 行事内容
　　1．ハンボク着付けレッスン
　　2．韓国の伝統お茶体験
　　3．クンチョル（婚礼や祭礼でするお辞儀）レッスン
- 参加対象：韓国の文化に興味のある外国人なら誰でも
- 参加費：5,000ウォン
- 参加申込み：メールや電話

5. なぜこの文を書いたのか合うものを選びなさい。

① 行事の参加を確認するため

② 行事の日程変更を知らせるため

❸ **行事の内容を知らせるため**

④ 行事を一緒に準備する人を探すため

6. この文の内容と同じものを選びなさい。

① 礼儀教室は今年初めて始まりました。 …▶ **今年で5回目**

② 礼儀教室は韓国人も参加できます。 …▶ **外国人が対象**

❸ **礼儀教室に参加するにはお金を出さなければなりません。**

④ 礼儀教室ではハンボクを作れます。 …▶ **ハンボクの着付けを習える**

部屋の空気がきれいになります！

一人用の空気清浄機です。最近空気がよくないため1か月前に買いました。でも広い家に引越しをするので必要な方に売ります。買って一週間くらい使ったのできれいです。買った値段は5万ウォンですが，販売は送料込みで2万5,000ウォンです。興味のある方はメールでご連絡ください。

7. なぜこの文を書いたのか当うものを選びなさい。
   ① 空気清浄機を買いたいから
   ② 空気清浄機がよいことを教えたいから
   ③ 空気清浄機を換えたいから
   ❹ **空気清浄機を売りたいから**

8. この文の内容と同じものを選びなさい。
   ① この空気清浄機は広い家で使えます。 ⋯→ 一人用／広い家に引越すのでいらなくなった
   ② この人は空気清浄機を25,000ウォンで買いました。⋯→ 購入価格は5万ウォン
   ③ この空気清浄機は使われたことがありません。 ⋯→ 買って1週間くらい使った
   ❹ **空気清浄機を使うと部屋の空気がきれいになります。**

文章を読んで答える穴埋め問題と内容一致問題が各1問ずつ出題されます。

※ [65~66] 次を 読んで 問に 答えなさい
다음을 읽고 물음에 답하십시오.

한국 사람들은 보통 생일에 미역국과 케이크를 먹습니다. 그런데 우리 집은
제가 떡을 좋아해서 어머니가 떡으로 케이크를 만들어서 줍니다. 어머니가
만든 떡 케이크는 정말 맛있어서 친구와 나눠 먹거나 친구에게 선물로
줬습니다. 친구들에게 어머니의 떡 케이크가 인기가 많아져서 얼마 전에
우리는 떡 케이크 가게를 (㉠). 나이 든 사람뿐만 아니라 젊은 사람도
우리 가게 케이크를 많이 사 갑니다. 매일 케이크를 만드는 일은 힘들지만
어머니의 케이크를 먹고 좋아하는 사람들을 보면 기분이 좋습니다. 앞으로
어머니를 도와서 많은 사람이 떡 케이크를 먹었으면 좋겠습니다.

65. 入る 適当な 言葉を 選びなさい
㉠에 들어갈 알맞은 말을 고르십시오.

① 열기로 했습니다　　② 열었습니다
③ 열 수 있습니다　　④ 열어도 됩니다

66. この 文の 内容と 同じ ものを 選びなさい
이 글의 내용과 같은 것을 고르십시오.

① 저는 생일에 케이크를 직접 만들어서 먹습니다.
② 우리 가게에는 친구만 올 수 있습니다.
③ 떡 케이크는 잘 팔립니다.
④ 떡 케이크는 나이 든 사람에게만 인기가 있습니다.

答えを導くためのアドバイス

　文法・語彙の難易度は高めですが，解くコツはパターン6と同様です。65番は文脈に適する表現を入れる問題ですが，語彙を選ぶ問題が出たり文法に関する問題が出たり，毎回違うタイプの問題が出題されます。66番の穴埋め問題は㉠の前後の文に答えのヒントとなるキーワードがあるので，文章を読みながら内容を推測します。同じ単語の語尾の表現だけが違う場合，まず単語だけを入れて文を読み，前後の文脈を把握して一番適切な文法表現を選ぶとよいでしょう。

韓国人はたいてい誕生日にわかめスープとケーキを食べます。しかし我が家では私が餅好きのため母が餅でケーキを作ってくれます。母が作った餅ケーキはとても美味しいので，友達にお裾分けして食べたり友達にプレゼントしたりしました。友達の間で母の餅ケーキの人気が高くなり，この間私たちは餅ケーキの店を（　⑦　）。お年寄りだけでなく若者もうちの店のケーキをたくさん買っていきます。毎日ケーキを作る仕事は大変ですが，母のケーキを食べて喜んでいる人たちを見るのは気持ちいいです。これからも母を手伝って多くの人に餅ケーキを食べてほしいです。

65. ⑦に入る適当な言葉を選びなさい。

① 開くことにしました　　　❷ 開きました

③ 開けます　　　　　　　　④ 開いてもいいです

66. この文の内容と同じものを選びなさい。

① 私は誕生日にケーキを手作りして食べます。 …▶ 母の手作り餅ケーキを食べる

② うちの店には友人だけが来られます。…▶ 多くの人に食べてほしい＝誰でも買える

❸ 餅ケーキはよく売れています。

④ 餅ケーキはお年寄りにだけ人気があります。…▶ お年寄りだけでなく若者にも人気

1-2

여름에는 날씨가 더우니까 요즘 차가운 음료수를 많이 먹습니다. 어제도 정말 더워서 커피숍에서 차가운 음료수를 주문했는데 빨대를 주지 않았습니다. 그래서 "빨래 좀 주세요"라고 말했습니다. 점원은 플라스틱이 아니라 종이로 만든 빨대를 줬습니다. 그 가게는 환경을 위해서 (㉠) 필요한 사람만 종이 빨대를 줍니다. 그리고 가게에 자기가 마실 컵을 가지고 오면 할인도 됐습니다. 저는 앞으로 커피숍에 갈 때 여러 번 사용할 수 있는 빨대와 제 컵을 가지고 다니기로 했습니다.

1. ㉠에 들어갈 알맞은 말을 고르십시오.
① 플라스틱 빨대를 사용하지 않고 ② 빨대는 무료가 아니고
③ 차가운 음료수는 팔지 않고 ④ 자기 컵을 가지고 오지 않고

2. 이 글의 내용과 같은 것을 고르십시오.
① 이 가게에서 저는 따뜻한 음료수를 주문했습니다.
② 이 가게에는 플라스틱 빨대가 없습니다.
③ 이 가게는 환경을 위해서 플라스틱 빨대를 사용합니다.
④ 컵을 사면 음료수를 싸게 살 수 있습니다.

3-4

지난주는 시험 시간라서 너무 바빴습니다. 그런데 편의점에서 일하는 친구가 일이 생겨서 저에게 편의점 일을 부탁했습니다. 숙제도 해야 하고 시험 공부도 해야 하지만 친구의 부탁을 거절하지 못했습니다. 편의점 일도 끝나고 시험도 끝났습니다. 그렇지만 너무 무리해서 어제 입원했습니다. 아침에 병원에 편의점 일을 부탁한 친구가 와서 부탁한 것을 사과했습니다. 저는 (㉠) 친구가 저를 싫어할 것 같았습니다. 그렇지만 무리하는 것보다 친구에게 거절하는 이유를 잘 설명하는 것이 더 좋은 것 같습니다.

3. ㉠에 들어갈 알맞은 말을 고르십시오.
① 공부만 열심히 하면 ② 부탁을 거절하면
③ 편의점 일을 잘하면 ④ 병원에 자주 가면

4. 이 글의 내용과 같은 것을 고르십시오.
① 저는 시험을 잘 봤습니다.
② 저는 내일부터 편의점에서 일해야 합니다.
③ 저는 지금 병원에 있습니다.
④ 친구는 문병을 오지 않았습니다.

5-6

저는 달리기를 좋아합니다. 그래서 주말마다 공원을 달리고 마라톤 대회에 자주 나갑니다. 마라톤 대회에 참가하고 싶어서 지난 주말에 인터넷에서 마라톤 대회를 (㉠). 그런데 달리기도 하면서 먹을 것이 없어 고통받는 아프리카 아이들을 도울 수 있는 마라톤 대회가 있었습니다. 그래서 저는 그 대회에 참가 신청을 했습니다. 보통 혼자서 마라톤 대회에 가는데 이번에는 친구에게 이야기해서 같이 참가하기로 했습니다. 이런 대회가 앞으로 많이 생기면 좋겠습니다.

5. ㉠에 들어갈 알맞은 말을 고르십시오.
① 찾아볼 수 있습니다　　　② 찾아봐도 됩니다
③ 찾아본 적이 있습니다　　④ 찾아보기로 했습니다

6. 이 글의 내용과 같은 것을 고르십시오.
① 저는 지난주에 마라톤 대회 참가했습니다.
② 항상 친구와 달리기를 합니다.
③ 이 마라톤 대회에 참가하면 아이들을 도울 수 있습니다.
④ 이 마라톤 대회는 선수만 참가할 수 있습니다.

7-8

우리 아이는 올해 7살인데 내년에 초등학생이 됩니다. 딸은 매일 꿈이 바뀝니다. 지난주는 모델, 어제는 소방관, 오늘은 의사. 지난주에 처음으로 꿈이 많은 아이를 위해서 직접 여러 직업을 (㉠) 데리고 갔습니다. 요리사가 돼서 손님에게 요리를 만들어 주고, 기차도 운전해 보고, 편의점 직원이 돼서 물건을 팔아봤습니다. 그곳에는 50종류가 넘는 일을 해 볼 수 있습니다. 텔레비전이나 책에서 본 직업만 좋아한 아이가 앞으로 진짜 되고 싶은 직업을 찾을 수 있는 가게였습니다. 꼭 다시 아이와 가고 싶습니다.

7. ㉠에 들어갈 알맞은 말을 고르십시오.
① 설명하는 가게에　　　② 만나는 가게에
③ 찾는 가게에　　　　　④ 체험하는 가게에

8. 이 글의 내용과 같은 것을 고르십시오.
① 우리 아이는 학교에 다닙니다.
② 우리는 이 가게에 자주 갑니다.
③ 우리 아이는 요리사, 기차 운전기사, 편의점 직원을 체험했습니다.
④ 아이는 지금 일하고 싶습니다.

解答 1 ① 2 ② 3 ② 4 ③ 5 ④ 6 ③ 7 ④ 8 ③

1-2
> 夏は気候が暑く，最近冷たい飲み物をたくさん飲みます。昨日も本当に暑くてコーヒーショップで冷たい飲料水を注文しましたが，ストローをくれませんでした。だから「ストローください」と言いました。店員はプラスチックではなく紙で作ったストローをくれました。その店は環境のために（　㋐　）必要な人だけに紙のストローをくれます。そして店に自分が飲むコップを持ってくると割引もしてもらえました。私はこれからコーヒーショップへ行く時に再利用できるストローと自分のコップを持ち歩くことにしました。

1. ㋐に入る適当な言葉を選びなさい。
   ❶ プラスチック・ストローを使わず　　② ストローは無料ではなく
   ③ 冷たい飲み物は売らず　　　　　　④ 自分のコップを持って来ず

2. この文の内容と同じものを選びなさい。
   ① この店で私は温かい飲み物を注文しました。 ⋯→ **冷たい飲み物を注文した**
   ❷ この店にはプラスチック・ストローがありません。
   ③ この店は環境のためにプラスチック・ストローを使用します。 ⋯→ **必要なら紙のストローをもらえる**
   ④ コップを買うと飲み物が安く買えます。⋯→ **自分のコップを持参すると割引される**

3-4
> 先週は試験期間だったので，とても忙しかったです。ところがコンビニで働いている友達が用事ができて私にコンビニの仕事を頼みました。宿題もしなければならないし，試験勉強もしなければならないのですが，友達のお願いを断れませんでした。コンビニの仕事も終わり，試験も終わりました。しかし，とても無理したため昨日入院しました。朝，病院へコンビニの仕事を頼んだ友達が来てお願いしたことを謝りました。私は（　㋐　）友達が私を嫌いになると思っていました。しかし，無理するよりは友達に断る理由をちゃんと説明するほうがいいのです。

3. ㋐に入る適当な言葉を選びなさい。
   ① 勉強だけ一生懸命すると　　　　❷ お願いを断ると
   ③ コンビニの仕事を上手くすると　④ 病院へよく行くと

4. この文の内容と同じものを選びなさい。
   ① 私は試験の成績がよかったです。⋯→ **書かれていない**
   ② 私は明日からコンビニで働かなければなりません。 ⋯→ **コンビニで働いたのは先週**
   ❸ 私は今，病院にいます。
   ④ 友達はお見舞いに来ませんでした。 ⋯→ **朝，友達が病院に来た**

5-6 私は走ることが好きです。だから毎週末，公園を走りマラソン大会によく出ます。マラソン大会に参加したくて先週末，ネットでマラソン大会を（ ㋑ ）。ところが，マラソンもしながら，食べ物がなく辛い思いをしているアフリカの子どもたちを助けられるマラソン大会がありました。それで私はその大会に参加申込みをしました。普段，ひとりでマラソン大会に出ますが，今回は友達に話して一緒に参加することにしました。こんな大会がこれからたくさんできてほしいです。

5. ㋑に入る適当な言葉を選びなさい。

① 探せます　　　　　　　② 探してもいいです
③ 探したことがあります　❹ 探すことにしました

6. この文の内容と同じものを選びなさい。

① 私は先週マラソン大会に参加しました。⋯➡ 先週マラソン大会を検索してこのマラソン大会を見つけた
② いつも友達と走ります。⋯➡ 普段はひとりで参加する
❸ このマラソン大会に参加すると子どもたちを助けることができます。
④ このマラソン大会に選手だけ参加できます。⋯➡ 参加規約は書かれていない

7-8 うちの子は今年7歳になり，来年小学生になります。娘は毎日夢が変わります。先週はモデル，昨日は消防士，今日は医者。先週，初めて夢が多い子どものために，実際に色々な職業を（ ㋑ ）連れて行きました。コックになってお客さんに料理を作ってあげて，汽車も運転してみて，コンビニの店員になって品物を売ってみました。そこでは50種類を超える仕事をしてみることができます。テレビや本で見た職業だけ好きだった子どもがこれから本当になりたい職業を探せる店でした。またぜひ子どもと行きたいです。

7. ㋑に入る適当な言葉を選びなさい。

① 説明する店へ　　　　　② 会う店へ
③ 探す店へ　　　　　　　❹ 体験する店へ

8. この文の内容と同じものを選びなさい。

① うちの子は学校に通っています。⋯➡ 来年から学校に通う
② 私たちはこの店によく行きます。⋯➡ 先週初めて行った
❸ うちの子はコック，汽車運転手，コンビニの店員を体験しました。
④ 子どもは今，仕事がしたいです。⋯➡ 働きたいとは書かれていない

文章を読んで答える穴埋め問題と内容一致問題が各１問ずつ出題されます。

※ [67 ~ 68] 다음을 읽고 물음에 답하십시오.

> 예전에는 책을 사거나 도서관에 없는 책을 보기 위해 서점에 갔습니다. 그러나 인터넷 서점이 많이 생기면서 서점이 바뀌었습니다. 손님을 위해서 책을 편하게 앉아서 볼 수 있는 책상과 의자가 생겼습니다. 그리고 책뿐만 아니라 독서할 때 도움이 되는 물건도 같이 판매합니다. 또 전문 서점에서는 한 분야의 책만 팔고 전문가가 손님에게 맞는 책을 권해 줍니다. 서점이 책을 파는 곳이 아니라 (㉠   ) 곳으로 바뀌고 있습니다.

67. ㉠에 들어갈 알맞은 말을 고르십시오.

① 책을 만드는   ② 책을 읽는

③ 독서 문화를 파는   ④ 전문가를 만나는

68. 이 글의 내용과 같은 것을 고르십시오.

① 요즘 서점에서는 책을 읽으면 안 됩니다.

② 서점에서는 책만 살 수 있습니다.

③ 전문 서점에서는 전문가를 만날 수 있습니다.

④ 예전 서점에서는 앉을 수 있는 책상과 의자가 있었습니다.

答えを導くためのアドバイス

　文法・語彙の難易度は高めですが，解くコツはパターン６と同様です。67番は文脈に適する表現を入れる問題で，語彙を選ぶ問題が出たり文法に関する問題が出たり毎回違うタイプの問題を出題されます。68番の穴埋め問題は㉠の前後の文に答えのヒントとなるキーワードがあるので，文章を読みながら内容を推測しましょう。同じ単語の語尾の表現だけが違う場合，まず単語だけを入れて文を読み，前後の文脈を把握して一番適切な文法表現を選ぶとよいでしょう。

解答▶ 67.③　68.③

昔は本を買ったり，図書館にない本を見たりするために書店へ行っていました。しかし，ネット書店がたくさんできたことで書店は変わりました。お客さんのために，本を楽に座って読めるよう机と椅子ができました。そして本だけではなく読書する時に役立つ品物も一緒に販売しています。また，専門書店ではひとつの分野の本だけを売り，専門家がお客に合う本を薦めてくれます。書店が本を売る所ではなく（　　㋐　　）所に変わっています。

67.　㋐に入る適当な言葉を選びなさい。

① 本を作る　　　　　　　　② 本を読む

❸ 読書文化を売る　　　　　④ 専門家に会う

68.　この文の内容と同じものを選びなさい。

① 最近，書店では本を読んではいけません。⋯→ 本を楽に読めるよう机と椅子がある

② 書店では本しか買えません。⋯→ 読書に役立つ便利グッズを販売する

❸ 専門書店では専門家と会えます。

④ 以前，書店では座れる机と椅子がありました。⋯→ 最近できたもの

1-2

언제 어떻게 이를 닦으면 좋을까요? 보통 밥 먹은 후 바로 이를 닦는 사람이 많습니다. 그런데 식후 바로 이를 닦으면 이 건강에 안 좋습니다. 이를 (㉠) 때문입니다. 음식을 먹은 후 30분에서 한 시간 정도 지난 후에 이를 닦는 것이 좋습니다. 또 음료수를 마시고 나서 치약으로 이를 닦는 것보다 물로 헹구는 것이 더 좋습니다. 치약도 많이 쓰는 것보다 적당한 양을 사용해야 합니다.

1. ㉠에 들어갈 알맞은 말을 고르십시오.
① 자주 닦기　　　　　② 약하게 만들기
③ 강하게 닦기　　　　④ 많이 헹구기

2. 이 글의 내용과 같은 것을 고르십시오.
① 이는 30분 정도 닦는 것이 좋습니다.
② 음료수를 마신 후에 꼭 이를 닦아야 합니다.
③ 이를 닦을 때 치약은 필요 없습니다.
④ 치약을 많이 쓰면 안 좋습니다.

3-4

집이나 사무실이 정리가 되지 않는 이유는 너무 짐이 많기 때문입니다. 그러면 많은 짐을 어떻게 하면 좋을까요? 필요한 물건과 필요 없는 물건으로 나눈 후에 필요 없는 물건을 버리면 됩니다. 그런데 실제로 (㉠) 비싸게 산 물건이라서 언젠가 꼭 쓸 일이 있을 같아서 결국 필요한 물건과 필요 없는 물건을 알 수 없습니다. 1년 동안 한 번도 사용한 적이 없는 물건은 나중에도 쓰지 않습니다. 그러니까 이것을 기준으로 물건을 버리면 정리가 쉬워질 겁니다.

3. ㉠에 들어갈 알맞은 말을 고르십시오.
① 사려고 하면　　　　② 쓰려고 하면
③ 버리려고 하면　　　④ 싸려고 하면

4. 이 글의 내용과 같은 것을 고르십시오.
① 물건을 버리면 나중에 꼭 필요합니다.
② 짐이 많으면 정리를 잘 할 수 있습니다.
③ 1년 동안 사용 안 한 물건은 버리는 것이 좋습니다.
④ 비싼 물건을 사면 버리면 안 됩니다.

5-6

박진우 씨는 20대에 회사를 시작해 성공해서 뉴스에 나왔습니다. 사업을 시작할 때 돈은 부모님이나 은행에서 빌리지 않았습니다. 박진우 씨가 인터넷에 사업 계획을 올리면 그 계획이 마음에 드는 사람들이 박진우 씨에게 돈을 줬습니다. 이 방법으로 3천만 원을 모았는데 이 돈은 사람들에게 돌려주지 않아도 됩니다. 시대가 바뀌어서 돈이 없어도 (㉠) 자기의 꿈을 이룰 수 있게 됐습니다. 앞으로 박진우 씨와 같은 사람이 많이 생겼으면 좋겠습니다.

5. ㉠에 들어갈 알맞은 말을 고르십시오.
① 사업을 시작하면 　　　　② 아이디어만 좋으면
③ 돈을 빌리면 　　　　　　④ 인터넷에 올리면

6. 이 글의 내용과 같은 것을 고르십시오.
① 박진우 씨는 사업을 시작할 겁니다.
② 인터넷으로 삼 천만 원을 빌렸습니다.
③ 사업을 하면 부모님에게 부탁해야 합니다.
④ 박진우 씨는 꿈을 이루었습니다.

7-8

장마철에는 흐리고 비가 오는 날이 많습니다. 그러면 습도가 높기 때문에 빨래가 잘 마르지 않습니다. 그리고 안 좋은 냄새가 날 때도 있습니다. 옷에서 이상한 냄새가 나면 뜨거운 물로 빨래하거나 삶으면 좋습니다. 그리고 바람이 잘 통하는 곳에서 (㉠). 그리고 빨래가 끝난 후에 세탁기 문을 열어서 통풍을 시키면 좋습니다. 또 세탁기를 청소하면 냄새를 안 나게 할 수 있습니다.

7. ㉠에 들어갈 알맞은 말을 고르십시오.
① 빨래를 하십시오 　　　　② 옷을 말리십시오
③ 세탁기를 보관하십시오 　④ 환기를 하십시오

8. 이 글의 내용과 같은 것을 고르십시오.
① 장마철에는 바람이 잘 붑니다.
② 습도가 높으면 옷이 잘 마릅니다.
③ 옷에서 냄새가 나면 버려야 합니다.
④ 세탁기에 바람이 통하게 하면 좋습니다.

1-2

> いつ，どうやって歯を磨けばよいでしょう？　普通，ご飯を食べた後，すぐ歯を磨く人が多いです。しかし食後すぐ歯を磨くと歯の健康によくありません。歯を（　㋐　）ためです。食べ物を食べた後，30分から1時間ほど経った後に歯を磨くほうがいいです。また，飲み物を飲んだ後は歯磨き粉で歯を磨くより水ですすいだほうがいいです。歯磨き粉も多く使うより適量を使わなければなりません。

1. ㋐に入る適当な言葉を選びなさい。
   ① よく磨く
   ❷ 弱くする
   ③ 強く磨く
   ④ たくさんすすぐ

2. この文の内容と同じものを選びなさい。
   ① 歯は30分くらい磨いたほうがいいです。… 食後の30分後歯磨きするのがいい
   ② 飲み物を飲んだ後は必ず歯を磨かないといけません。… 水ですすいだほうがいい
   ③ 歯を磨く時に歯磨き粉は要りません。　… 適量を使わなければならない
   ❹ 歯磨き粉をたくさん使うとよくありません。

3-4

> 家や事務室の片付けができない理由は荷物が多すぎるからです。それでは多い荷物をどのようにすればいいでしょうか。必要なものと要らないものに分けた後にいらないものを捨てればよいのです。ところが実際に（　㋐　）高く買った物だから，いつか必ず使う機会がありそうだから，結局必要なものと要らないものがわからなくなります。1年間一度も使ったことがないものは後になっても使いません。ですからこれを基準にして物を捨てると片付けが簡単になるでしょう。

3. ㋐に入る適当な言葉を選びなさい。
   ① 買おうとすると
   ② 使おうとすると
   ❸ 捨てようとすると
   ④ 包もうとすると

4. この文の内容と同じものを選びなさい。
   ① 荷物を捨てると後で必ず必要です。… 後で必要になると思って捨てられない
   ② 荷物が多いと片付けが上手にできます。… 荷物が多くて片付けられない
   ❸ 1年間使用しなかったものは捨てたほうがいいです。
   ④ 高いものを買ったら捨ててはいけません。… 1年間使わなければ捨てる

5-6

> パク・チヌさんは 20 代で会社を立ち上げて成功してニュースに出ました。事業を始める時，お金は両親や銀行から借りませんでした。パク・チヌさんがネットに事業計画を上げるとその計画が気に入った人たちがパク・チヌさんにお金をあげました。この方法で 3,000 万ウォン集めましたが，このお金は皆に返さなくてもいいのです。時代が変わってお金がなくても（　　㋐　　）自分の夢を叶えられるようになりました。これからパク・チヌさんのような人が多く現れてほしいです。

5. ㋐に入る適当な言葉を選びなさい。

① 事業を始めると　　　　　　❷ アイデアさえよければ

③ お金を借りると　　　　　　④ ネットに上げると

6. この文の内容と同じものを選びなさい。

① パク・チヌさんは事業を始める予定です。⋯→ 起業して成功した

② ネットで 3,000 万ウォンを借りました。⋯→ 集めた 3,000 万ウォンは返却不要

③ 事業をするなら両親にお願いしなければなりません。⋯→ お願いしなくてもできる時代になった

❹ パク・チヌさんは夢を叶えました。

7-8

> 梅雨の時期には曇ったり雨が降る日が多いです。すると湿度が高いせいで，洗濯物がよく乾きません。そして嫌な匂いがする時もあります。服から変な匂いがするとお湯で洗濯をしたり，煮たりするとよいです。そして風がよく通る所で（　　㋐　　）。そして，洗濯が終わった後に洗濯機のドアを開けて換気するとよいです。また洗濯機を掃除すると匂いがしないようにすることができます。

7. ㋐に入る適当な言葉を選びなさい。

① 洗濯をしてください　　　　❷ 服を乾かしてください

③ 洗濯機を保管してください　④ 換気をしてください

8. この文の内容と同じものを選びなさい。

① 梅雨の時期は風がたくさん吹きます。⋯→ 梅雨時は曇りや雨が降る日が多い

② 湿度が高いと服がよく乾きます。⋯→ 湿度が高いとよく乾かない

③ 服から匂いがしたら捨てなければなりません。⋯→ お湯で洗ったり煮たりすると匂いがとれる

❹ 洗濯機に風が通るようにするといいです。

文章を読んで答える穴埋め問題と内容一致問題が各１問ずつ出題されます。

※ [69～70] 次を 読んで 問に 答えなさい
다음을 읽고 물음에 답하십시오.

우리 할아버지는 시골에서 30년 동안 빵집을 했습니다. 처음에는 할머니와 같이 했는데 작년에 할머니가 돌아가셔서 지금은 할아버지 혼자서 빵집을 하고 있습니다. 할아버지의 빵집은 시내에서 좀 멀고 가격도 조금 비싸지만 맛있어서 항상 손님이 많습니다. 빵집은 아침 9시부터 저녁 8시까지 하는데 할아버지는 아침 5시부터 빵 만들 준비를 합니다. 저는 5시에 일어나는 것도 힘든데 30년 동안이나 빵집을 하는 할아버지는 정말 대단합니다. 혼자서 일하는 할아버지가 걱정돼서 지난달부터 저는 매주 주말에 할아버지를 (㉠).

---

69. ㉠에 들어갈 알맞은 말을 고르십시오.
入る 適当な 言葉を 選びなさい

① 도울 수 있습니다　　② 도우러 갑니다

③ 도운 적이 있습니다　　④ 도우려고 합니다

70. 이 글의 내용과 같은 것을 고르십시오.
この 文の 内容と 同じ ものを 選びなさい

① 할아버지는 가게를 그만둘 생각입니다.

② 할아버지의 가게는 동네에서 인기가 많습니다.

③ 앞으로 제가 할아버지의 빵집에서 일을 할 겁니다.

④ 할아버지의 가게에서 빵을 사려면 5시부터 기다려야 합니다.

✎ 答えを導くためのアドバイス

　文法・語彙の難易度は高めですが，解くコツはパターン６と同様です。69番の穴埋め問題は㉠の前後の文に答えのヒントとなるキーワードがあるので，文章を読みながら内容を推測しましょう。70番は基本的には一致問題と似ています。全体の内容を理解しているかを判断する問題なので，選択肢には本文と違った表現を使う場合が多いです。本文を読んで内容が何を言いたいのかを考えながら，関連しない選択肢を削除していきます。普段から類似表現を覚えておきましょう。

うちの祖父は田舎で 30 年間パン屋をしていました。最初は祖母と一緒にやっていましたが，去年祖母が亡くなったので今は祖父ひとりでパン屋をしています。祖父のパン屋は市内から少し遠く値段も少し高いけど，美味しいからいつもお客がたくさんいます。パン屋は朝 9 時から夜 8 時までですが，祖父は朝 5 時からパンを作る準備をします。私は 5 時起きも大変なのに，30 年もパン屋をしている祖父は本当にすごいです。ひとりで働いている祖父が心配なので，先月から私は毎週末祖父を（　　⑦　　）。

69.　⑦に入る適当な言葉を選びなさい。

①　手伝えます　　　　　　　　❷　手伝いに行きます

③　手伝ったことがあります　　④　手伝おうとしています

70.　この文の内容と同じものを選びなさい。

①　祖父は店を辞めるつもりです。⋯→ 祖父が辞めたいかどうかは書かれていない

❷　祖父の店は町で大人気です。

③　これから私は祖父のパン屋で働くつもりです。⋯→ パン屋を手伝うつもりだ

④　祖父の店でパンを買うには 5 時から待たなければなりません。⋯→ 5 時からパン屋の準備を始める

1-2

우리 가족은 식혜를 좋아해서 할머니가 식혜를 자주 만듭니다. 식혜는 쌀로 만드는 한국의 전통 음료수인데 목이 마를 때 시원하게 마시면 아주 좋습니다. 그래서 여름에 소풍을 가거나 친구들과 찜질방에 갈 때 항상 할머니가 만들어 준 식혜를 가지고 갑니다. 식혜 만드는 방법은 쉽고 간단하지만 (㉠). 시간이 많이 있을 때 할머니에게 만드는 방법을 배우려고 합니다.

1. ㉠에 들어갈 알맞은 말을 고르십시오.
① 시간이 오래 걸립니다　　② 돈이 많이 듭니다
③ 재료를 사기 어렵습니다　　④ 특별한 도구가 필요합니다

2. 이 글의 내용과 같은 것을 고르십시오.
① 식혜는 집에서 만들 수 없습니다.
② 밥으로 식혜를 만들 수 있습니다.
③ 우리 가족은 식혜를 자주 마십니다.
④ 식혜는 뜨겁게 마시면 더 좋습니다.

3-4

지난 주말에 아들을 데리고 산에 놀러 갔습니다. 산에는 아이들에게 숲의 이야기를 해 주는 숲 해설가가 있었습니다. 숲 해설가는 아이들에게 꽃과 나무의 이름을 가르쳐 주었습니다. 그리고 숲에 사는 곤충과 동물의 이야기도 해 주고 재미있는 놀이도 가르쳐 줬습니다. 아이들이 직접 냄새도 맡고 만져도 봤습니다. 항상 실내에서 장난감만 가지고 노는 아이가 맑은 공기를 마시면서 즐겁게 (㉠) 보니까 저도 기분이 좋았습니다. 앞으로 시간이 있으면 자주 야외에 데리고 나와야겠습니다.

3. ㉠에 들어갈 알맞은 말을 고르십시오.
① 동물을 키우는 모습을　　② 등산하는 모습을
③ 선생님의 이야기를 듣는 모습을　④ 뛰어 노는 모습을

4. 이 글의 내용과 같은 것을 고르십시오.
① 저는 아들과 자주 산에 갑니다.
② 숲에서는 꽃과 나무를 만지면 안 됩니다.
③ 숲에는 재미있게 놀 수 없습니다.
④ 숲 해설가는 아이들이 여러 체험을 할 수 있게 도와줍니다.

5-6

저는 3년 동안 미용실에 가지 않았습니다. 암 치료 때문에 머리가 빠진 아이들을 위해 머리를 기부할 생각이기 때문입니다. 제 친구는 머리가 아주 길었는데 3년 전에 머리를 잘라서 기부했습니다. 기부하려면 자른 후의 머리 길이가 25cm가 되어야 합니다. 그 이야기를 듣고 저도 머리를 기르기 시작했습니다. 그런데 머리카락을 기부하려면 파마도 염색도 하면 안 됩니다. 저도 유행하는 머리 모양을 하고 싶을 때도 있지만 제 머리가 아이들에게 도움이 되는 것을 생각하면 (㉠). 내일 드디어 머리를 자르러 갑니다.

5. ㉠에 들어갈 알맞은 말을 고르십시오.
① 감을 수 있습니다　　　② 참을 수 있습니다
③ 자를 수 있습니다　　　④ 미용실에 갈 수 있습니다

6. 이 글의 내용과 같은 것을 고르십시오.
① 파마 머리는 기부할 수 있습니다.
② 암에 걸린 사람들이 빠진 머리로 기부합니다.
③ 저는 내일 머리를 기부할 겁니다.
④ 지금 제 머리 모양이 유행합니다.

7-8

제 취미는 사진 찍기입니다. 보통 산이나 바다에 가서 사진을 찍었는데 얼마 전부터는 (㉠) 찍기 시작했습니다. 평일에는 우리 집에서 키우는 강아지와 새의 사진을 찍습니다. 그리고 주말에는 사람이 키우지 않는 야생 동물의 사진을 찍습니다. 야생 동물은 사람을 무서워하기 때문에 사진 한 장을 찍기 위해서 4~5시간을 기다릴 때도 있습니다. 그렇지만 아름다운 사진을 찍었을 때는 정말 기분이 좋습니다. 앞으로 제가 찍은 사진을 모아서 전시회를 하는 것이 꿈입니다.

7. ㉠에 들어갈 알맞은 말을 고르십시오.
① 동물 사진을　　　② 물고기 사진을
③ 강아지 사진을　　　④ 풍경 사진을

8. 이 글의 내용과 같은 것을 고르십시오.
① 야생 동물의 사진은 인기가 많습니다.
② 나중에 우리 집 강아지의 사진으로 전시회를 할 겁니다.
③ 야생 동물의 사진을 찍으려면 오랫동안 기다려야 합니다.
④ 저는 주말에만 사진을 찍습니다.

解答　1　①　2　③　3　④　4　④　5　②　6　③　7　①　8　③

1-2　うちの家族はシケが好きなので祖母がシケをよく作ります。シケは米で作る韓国の伝統的な飲み物ですが，喉が渇いた時に冷たくして飲むととてもいいです。だから夏に遠足したり友達とチムジルバンに行ったりする時は，いつも祖母が作ってくれたシケを持って行きます。シケの作り方はた容易く簡単ですが，（　㋐　）。時間がたくさんある時に祖母に作り方を習うつもりです。

1.　㋐に入る適当な言葉を選びなさい。
　　❶ 時間が長くかかります　　② お金がたくさんかかります
　　③ 材料を買いにくいです　　④ 特別な道具が必要です

2.　この文の内容と同じものを選びなさい。
　　① シケは家で作れません。… 祖母の手作りなので家で作れる
　　② ご飯でシケを作れます。… 米でシケを作る
　　❸ 私の家族はシケをよく飲みます。
　　④ シケは熱くして飲むともっといいです。… 冷たくして飲むといい

3-4　先週末，息子を連れて山へ遊びに行きました。山には子どもたちに森の話をしてくれる森解説者がいました。森解説者は子どもたちに花や木の名前を教えてくれました。そして，森に住む昆虫や動物の話もしてくれて，面白い遊びも教えてくれました。子どもたちが直接匂いも嗅いで触ってもみました。いつも室内で玩具で遊んでばかりいた子どもが，きれいな空気を吸いながら楽しく（　㋐　）みると，私も気分がよかったです。これからも時間があればたくさん野外に連れて出かけるようにします。

3.　㋐に入る適当な言葉を選びなさい。
　　① 動物を飼う姿を　　② 登山をする姿を
　　③ 先生の話を聞く姿を　　**❹ 走りまわって遊ぶ姿を**

4.　この文の内容と同じものを選びなさい。
　　① 私は息子とよく山に行きます。… 先週末は行ったがよく行くとは書かれていない
　　② 森では花と木を触ってはいけません。… 匂いを嗅いだり触ったりできる
　　③ 森では楽しく遊べません。… 面白い遊びを教えてもらい楽しんだ
　　❹ 森解説者は子どもたちが色んな体験ができるように手伝います。

5-6 私は３年間美容室に行っていません。癌治療によって髪の毛が抜けた子どもたちのために髪を寄付するつもりだからです。私の友達は髪がとても長かったのに，３年前，髪を切り寄付しました。寄付するには切った後の長さが 25cm にならないといけません。その話を聞き私も髪を伸ばし始めました。ところが髪の毛を寄付するにはパーマもカラーもしてはいけません。私も流行りのヘアスタイルにしたい時もありますが，私の髪が子どもたちの役に立つことを思うと（　㋐　）。明日いよいよ髪を切りに行きます。

5. ㋐に入る適当な言葉を選びなさい。

① 洗えます　　　　　　　　❷ 耐えられます

③ 切られます　　　　　　　④ 美容室に行けます

6. この文の内容と同じものを選びなさい。

① パーマをかけた髪は寄付できます。⋯→ パーマやカラーした髪は寄付できない

② 癌にかかった人達が抜け毛を寄付します。⋯→ 癌治療で髪が抜けた人のために寄付

❸ 私は明日，髪の毛を寄付する予定です。

④ 今，私のヘアスタイルが流行っています。⋯→ 髪を寄付するのに髪を伸ばすだけで流行りの髪型はできない

7-8 私の趣味は写真を撮ることです。だいたい山や海へ行って写真を撮っていますが，この前から（　㋐　）撮り始めました。平日はうちで飼う子犬と鳥の写真を撮ります。そして週末は人が飼わない野生動物の写真を撮ります。野生動物は人を恐がるので写真１枚撮るのに４～５時間待つ時もあります。しかし美しい写真が撮れた時は本当に気持ちいいです。今後，私が撮った写真を集めて展示会をすることが夢です。

7. ㋐に入る適当な言葉を選びなさい。

❶ 動物の写真を　　　　　　② 魚の写真を

③ 子犬の写真を　　　　　　④ 風景写真を

8. この文の内容と同じものを選びなさい。

① 野生動物の写真は人気があります。⋯→ 撮ってはいるが人気かどうかはわからない

② 今後，うちの子犬の写真で展覧会をするつもりです。⋯→ 犬だけでなく自分の撮った写真で展覧会がしたい

❸ 野生動物の写真を撮るには長時間，待たないといけません。

④ 私は週末にだけ写真を撮ります。⋯→ 平日は犬の写真を撮り週末は野生動物を撮る

《よく使う連語の表現》

마음에 들다	気に入る	감기에 걸리다	風邪を引く
옷을 입다	服を着る	안경을 쓰다	眼鏡をかける
바지를 입다	ズボンを履く	우산을 쓰다	傘をさす
장갑을 끼다	手袋をはめる	모자를 쓰다	帽子を被る
손을 씻다	手を洗う	이를 닦다	歯を磨く
춤을 추다	踊る	잠을 자다	寝る
바람이 불다	風が吹く	노래를 부르다	歌を歌う
신발을 신다	靴を履く	피아노를 치다	ピアノを弾く
양말을 신다	靴下を履く	기타를 치다	ギターを弾く
바이올린을 켜다	バイオリンを弾く	플루트를 불다	フルートを吹く
음악을 듣다	音楽を聞く	계획을 세우다	計画を立てる
불을 켜다	電気を付ける	문을 열다	ドアを開ける
불을 끄다	電気を消す	문을 닫다	ドアを閉める
그림을 그리다	絵を描く	사진을 찍다	写真を撮る
머리를 자르다	髪を切る	전화를 걸다	電話をかける
시험을 잘 보다	試験の成績がいい	수업을 듣다	授業を受ける
시험을 못 보다	試験の成績が悪い	장을 보다	買い物をする

《よく使う接続詞》

그래서／그러니까
だから, それで
《原因・理由》

⋯ 배가 아픕니다. 그래서 병원에 갑니다.
(お腹が痛いです。それで病院に行きます。)

⋯ 한국어가 재미있습니다. 그러니까 열심히 공부합시다.
(韓国語が面白いです。だから一生懸命勉強しましょう。)

그리고
そして
《羅列・順番》

⋯ 손을 씻습니다. 그리고 밥을 먹습니다.
(手を洗います。そしてご飯を食べます。)

⋯ 낮에 비가 옵니다. 그리고 바람이 많이 붑니다.
(昼, 雨が降ります。そして風も強く吹きます。)

그러면
それなら
《仮定・条件》

⋯ 앞으로 똑바로 가세요. 그러면 왼쪽에 있습니다.
(前のほうにまっすぐ行ってください。そうすると左にあります。)

⋯ 선물을 주세요. 그러면 기뻐할 거예요.
(プレゼントをあげてください。そしたら喜ぶでしょう。)

그러나／그렇지만／하지만
しかし, けれども, だが
《逆説・対照》

⋯ 공부를 열심히 했습니다. 그러나 시험을 못 봤습니다.
(勉強を熱心にしました。しかし, 成績がよくありません。)

⋯ 한국은 여름에 비가 많이 옵니다. 그렇지만 올해는 오지 않았습니다.
(韓国は夏雨がたくさん降ります。しかし, 今年は降らなかったです。)

그런데
ところが
《逆説・背景説明・話題提示》

⋯ 집에서 가방에 지갑을 넣었습니다. 그런데 없습니다.
(家でカバンに財布を入れました。ところがありません。)

⋯ 어제 영화를 봤습니다. 그런데 재미없었습니다.
(昨日映画を見ました。ところが面白くありませんでした。)

まとめの 模擬試験

▶最後に
  １回分模試（読解のみ）
  に挑戦してみよう！

※ [31~33] 무엇에 대한 이야기입니까? 〈보기〉와 같이 알맞은 것을 고르십시오.

---〈보기〉---

춥습니다. 눈이 많이 옵니다.

① 휴가　❷ 겨울　③ 계절　④ 시간

---

31. | 아침은 8시에 먹습니다. 점심은 12시에 먹습니다. |

① 날짜　② 시간　③ 가족　④ 값

32. | 가게가 많이 있습니다. 물건이 쌉니다. |

① 시장　② 쇼핑　③ 과일　④ 나라

33. | 일본 사람입니다. 한국에서 공부합니다. |

① 학교　② 고향　③ 유학　④ 국적

※ [34~39] 〈보기〉와 같이 (   )에 들어갈 가장 알맞은 것을 고르십시오.

――――〈보기〉――――

방이 덥습니다. 그래서 (   )을 켰습니다.

① 창문   ❷ 에어컨   ③ 불   ④ 텔레비전

34. 저는 한국 사람(   ) 아닙니다.

① 을   ② 과   ③ 의   ④ 이

35. 친구의 생일입니다. (   )을 줍니다.

① 선물   ② 파티   ③ 축하   ④ 연락

36. 음식이 (   ). 많이 먹었습니다.

① 짧습니다   ② 건강합니다   ③ 맛있습니다   ④ 어렵습니다

37. 냄새가 납니다. 창문을 (   ).

① 닦습니다   ② 엽니다   ③ 자릅니다   ④ 보냅니다

38. 영화가 (   ) 재미있었습니다. 또 보고 싶습니다.

① 다시   ② 아주   ③ 이미   ④ 자주

39. 옷이 아주 예쁩니다. 마음에 (   ).

① 엽니다   ② 듭니다   ③ 세웁니다   ④ 잡니다

※ [40 ~ 42] 다음을 읽고 맞지 <u>않는</u> 것을 고르십시오.

40.

| < 종로5가 | ① 종로3가 | 종각 > | 환승 ③ 호선 ⑤ 호선 |

| < 안국 | ③ 종로3가 | 을지로3가 > | 환승 ① 호선 ⑤ 호선 |

| < 광화문 | ⑤ 종로3가 | 을지로4가 > | 환승 ① 호선 ③ 호선 |

① 종로3가 역은 일 호선, 삼 호선, 오 호선이 있습니다.
② 광화문 역에는 갈 수 없습니다.
③ 안국 역까지 삼 호선을 탑니다.
④ 종로3가 역에서 종각에 갈 수 있습니다.

41.

방 친구를 찾습니다!

방 2개, 부엌
지하철역에서 걸어서 3분
침대, TV 있습니다.
저는 일본 사람입니다. 저와 같이 살 한국인이나
외국인 친구를 찾습니다.

※010-5678-1234로 전화 주세요.

① 이 사람은 한국 사람만 찾습니다.
② 지하철역에서 가깝습니다.
③ 방이 두 개 있습니다.
④ 집에 텔레비전이 있습니다.

42.

같이 한국어를 공부합시다!
☑ 일시 : 매주 수요일 오후 7시 　☑ 장소 : 신촌 스터디 카페
☑ 준비물 : 공책과 연필　　　　　☑ 참가비 : 5천 원
☑ 참가 방법 : 010- 9876-5432로 전화 주세요.
※한국어를 공부하고 싶은 외국 사람은 모두 환영합니다.
　친구하고 같이 오세요.

① 이 모임은 한 달에 한 번 있습니다.
② 전화로 예약을 해야 합니다.
③ 이 모임은 오후 7시에 시작합니다.
④ 이 모임은 외국인만 참가할 수 있습니다.

※ [43~45] 다음의 내용과 같은 것을 고르십시오.

43.
> 오늘 친구가 이사했습니다. 다른 친구들과 같이 이사를 돕고 다 같이 맛있는 음식도 먹었습니다. 친구가 이사가 끝난 후에 한국어 책을 선물로 줬습니다.

① 혼자서 이사를 했습니다.
② 저는 이사를 했습니다.
③ 친구가 저에게 책을 선물했습니다.
④ 친구는 다른 친구들과 삽니다.

44.
> 우리 집은 강아지를 3마리 기릅니다. 제가 초등학생 때부터 10년 동안 길렀습니다. 나중에는 고양이도 기르고 싶습니다.

① 집에 강아지가 세 마리 있습니다.
② 고양이도 키웁니다.
③ 강아지는 열 살입니다.
④ 저는 초등학생입니다.

45.
> 저는 선생님입니다. 지금 일본의 학교에서 한국어를 가르치고 있습니다. 언젠가 고향에 돌아가서 한국어 학교를 만들고 싶습니다.

① 한국어보다 일본어가 좋습니다.
② 저는 일본어 선생님입니다.
③ 저는 일본에서 가르치고 있습니다.
④ 저는 고향에서 한국어를 배우고 싶습니다.

※ [46~48] 다음을 읽고 중심 생각을 고르십시오.

46. 저는 살을 빼고 있습니다. 그래서 밥과 고기는 먹지 않고 채소만 먹습니다. 아침마다 조깅도 1시간씩 하고 있습니다.

① 운동은 1시간 이상 해야 합니다.
② 저는 매일 운동하고 싶습니다.
③ 저는 채소를 싫어합니다.
④ 저는 다이어트를 하고 있습니다.

47. 우리 형은 외국에서 일을 합니다. 이번 휴가 때 저는 우리 형의 집에 가기로 했습니다. 빨리 휴가가 되었으면 좋겠습니다.

① 저는 외국에서 일을 하고 싶습니다.
② 형을 빨리 만나고 싶습니다.
③ 휴가 때 해외에 가서 기분이 좋습니다.
④ 저는 형과 같이 살고 싶습니다.

48. 내일은 할 일이 많습니다. 오전에는 집청소도 하고 빨래도 해야 합니다. 그리고 오후에 도서관에서 책을 빌린 후에 명동에 친구와 영화를 보러 갈 겁니다.

① 저는 오후에 도서관에 책을 돌려줄 겁니다.
② 저는 오전에는 집안일을 해야 합니다.
③ 저는 내일 바쁩니다.
④ 저는 명동에서 영화를 볼 겁니다.

요즘 스마트폰으로 자전거를 (㉠) 서비스가 생겼습니다. 자전거를 이용한 후에 돌려줄 때는 가까운 자전거 주차장에 주차하면 됩니다. 길이 막힐 때 자전거를 타고 가면 시간도 절약되고 교통비도 절약이 됩니다. 그리고 운동도 할 수 있어서 이용하는 사람이 많아지고 있습니다.

49. ㉠에 들어갈 알맞은 말을 고르십시오.
  ① 살 수 있는
  ② 찾을 수 있는
  ③ 바꿀 수 있는
  ④ 빌릴 수 있는

50. 이 글의 내용과 같은 것을 고르십시오.
  ① 이 서비스를 이용하는 사람이 많습니다.
  ② 길이 밀리면 이용할 수 없습니다.
  ③ 자전거를 타고 운동하러 가는 사람이 많습니다.
  ④ 전화를 걸어서 예약해야 합니다.

※ [51~52] 다음을 읽고 물음에 답하십시오.

> 예전에는 미술관에 가서 그림을 볼 때 조용히 봐야 했습니다. 좋아하는 그림을 가까운 곳에서 보고 싶고 만져 보고 싶지만 할 수 없었습니다. 그렇지만 최근에 유명한 작품들을 실제로 (㉠) 직접 만들어 볼 수 있는 전시회가 생겨서 인기가 많습니다. 물론 작품은 진짜가 아니고 가짜지만 아이들과 같이 체험할 수도 있어서 아주 좋습니다. 여러분도 한번 가 보세요. 좋아하는 작품을 만들어 보세요.

51. ㉠에 들어갈 알맞은 말을 고르십시오.
   ① 만지면
   ② 만지면 안 되고
   ③ 만져야 하고
   ④ 만질 수 있고

52. 무엇에 대한 이야기인지 고르십시오.
   ① 체험할 수 있는 미술관
   ② 미술관 관람 방법
   ③ 가짜 그림 전시회
   ④ 아이를 위한 미술관 그림 교실

저는 강아지를 두 마리 키웁니다. 처음에는 작고 귀여웠는데 제가 먹을 것을 많이 줬기 때문에 지금 살이 많이 쪘습니다. 매일 아침에 강아지들과 같이 산책을 가는데 옛날에는 강아지들이 너무 빨리 뛰어서 산책이 힘들었습니다. 그런데 살이 찐 후 강아지들은 뛰지 않고 길에 앉습니다. 강아지들의 건강을 위해서 이제는 살을 빼야 할 것 같습니다. 간식도 (㉠) 주고 집에서도 같이 운동해야겠습니다.

53. ㉠에 들어갈 알맞은 말을 고르십시오.
① 별로
② 자주
③ 조금만
④ 전혀

54. 이 글의 내용과 같은 것을 고르십시오.
① 우리 집 강아지는 잘 뜁니다.
② 우리 집 강아지는 지금 살을 빼고 있습니다.
③ 우리 집 강아지는 산책을 좋아합니다.
④ 우리 집 강아지는 뚱뚱합니다.

※ **[55~56] 다음을 읽고 물음에 답하십시오.**

> 보통 감기는 계절이 바뀌는 기간이나 겨울에 많이 걸립니다. (　⊙　) 최근에는 여름에 감기에 걸려서 병원을 찾는 사람이 많습니다. 에어컨을 계속 사용하면서 실내 온도와 실외 온도의 차이가 심해져서 감기에 잘 걸립니다. 더우니까 차가운 음식도 많이 먹는데 건강에는 좋지 않습니다. 여름 감기를 예방하기 위해서는 손을 자주 씻고 따뜻한 음료수를 마시면 좋습니다.

55. ⊙에 들어갈 알맞은 말을 고르십시오.
   ① 그리고
   ② 그런데
   ③ 왜냐하면
   ④ 그래서

56. 이 글의 내용과 같은 것을 고르십시오.
   ① 여름에는 감기에 걸리지 않습니다.
   ② 여름에는 에어컨 때문에 감기에 걸리기 쉽습니다.
   ③ 따뜻한 음료수는 건강에 좋지 않습니다.
   ④ 더울 때 차가운 음료수를 마시면 좋습니다.

57.

> (가) 그래서 저는 새해의 계획을 세웠습니다.
> (나) 오늘은 1월 1일입니다.
> (다) 그리고 건강을 위해서 매일 아침 여자 친구와 운동을 하기로 했습니다.
> (라) 먼저 한국에 유학가기 위해서 열심히 한국어 공부를 할 겁니다.

① (나) - (라) - (가) - (다)　　　② (나) - (라) - (다) - (가)
③ (나) - (가) - (라) - (다)　　　④ (나) - (가) - (다) - (라)

58.

> (가) 그리고 언제, 어디에서나 공부할 수 있습니다.
> (나) 인터넷은 학원보다 가격이 쌉니다.
> (다) 좋은 점이 많아서 인터넷으로 공부하는 사람이 많아질 것 같습니다.
> (라) 요즘은 학원에 가지 않고 인터넷으로 공부할 수 있습니다.

① (라) - (가) - (나) - (다)　　　② (라) - (나) - (다) - (가)
③ (라) - (가) - (다) - (나)　　　④ (라) - (나) - (가) - (다)

> 저는 시장에 장을 보러 갈 때는 필요한 물건의 목록을 써 갑니다.
> (㉠) 그리고 꼭 밥을 먹고 갑니다. (㉡) 배가 고프면 음식이 더
> 맛있어 보입니다. (㉢) 또 음식을 많이 먹을 수 있을 것 같습니다.
> (㉣) 그렇지만 배가 부르면 필요한 것만 사서 집에 돌아옵니다.

59. 다음 문장이 들어갈 곳을 고르십시오.

> 그래서 목록에 없는 재료도 많이 삽니다.

① ㉠   ② ㉡   ③ ㉢   ④ ㉣

60. 이 글의 내용과 같은 것을 고르십시오.
  ① 시장에는 필요한 물건이 모두 있습니다.
  ② 배가 고프면 시장 음식이 더 맛있습니다.
  ③ 배가 고프면 힘들어서 장을 볼 수 없습니다.
  ④ 저는 배가 부르면 목록의 물건만 삽니다.

주말에 친구와 오랜만에 시내에 놀러갔는데 '재활용 자판기'가 있었습니다. 보통 자판기는 돈을 넣고 원하는 물건을 사지만 재활용 자판기는 재활용 쓰레기를 넣으면 포인트가 쌓입니다. 자판기에 넣을 수 있는 쓰레기는 깨끗한 캔과 패트병입니다. 포인트가 2000점 쌓이면 현금으로 (㉠) 기부할 수 있습니다. 환경에도 좋고 착한 일도 할 수 있는 일석이조 자판기입니다.

61. ㉠에 들어갈 알맞은 말을 고르십시오.
  ① 바꾸려고
  ② 바꾸고 싶지만
  ③ 바꾸거나
  ④ 바꿀 것 같고

62. 이 글의 내용과 같은 것을 고르십시오.
  ① 포인트는 2000점이 넘으면 쓸 수 없습니다.
  ② 재활용 자판기에서 재활용품을 살 수 있습니다.
  ③ 포인트로 어려운 사람을 도울 수 있습니다.
  ④ 패트병만 사용할 수 있습니다.

받는 사람:	seaview@hotel.com
제목:	예약 부탁드립니다.
보낸 사람:	kanghee@hankuk.com

안녕하세요. 바다정원 펜션이지요?

방을 예약하고 싶어서 메일을 보냅니다.
5월 10일부터 12일까지 4명 가족이 가려고 합니다.
침대방 온돌방 모두 좋지만 바다가 보이는 방이면 좋겠습니다.
그리고 주차장이 있습니까?
처음 가는 곳이라서 가는 방법도 가르쳐 주시면 좋겠습니다.
저녁에 바비큐를 할 수 있는 장소도 있습니까?
확인하면 바로 이메일로 연락부탁드리겠습니다.

-박강희

63. 왜 이 글을 썼는지 맞는 것을 고르십시오.

① 숙소를 소개 받으려고

② 예약을 취소하려고

③ 관광 안내를 받으려고

④ 숙소를 예약하려고

64. 이 글의 내용과 같은 것을 고르십시오.

① 예전에 가 본 적이 있습니다.

② 연락을 이메일로 받고 싶습니다.

③ 바다가 보이는 침대방을 예약하고 싶습니다.

④ 3박 4일을 예약하고 싶습니다.

※ [65~66] 다음을 읽고 물음에 답하십시오.

우리 아이는 올해 7살인데 내년에 초등학생이 됩니다. 딸은 매일 꿈이 바뀝니다. 지난주는 모델, 어제는 소방관, 오늘은 의사. 지난주에 처음으로 꿈이 많은 아이를 위해서 직접 여러 직업을 (㉠) 데리고 갔습니다. 요리사가 돼서 손님에게 요리를 만들어 주고, 기차도 운전해 보고, 편의점 직원이 돼서 물건을 팔아봤습니다. 그곳에는 50종류가 넘는 일을 해 볼 수 있습니다. 텔레비전이나 책에서 본 직업만 좋아한 아이가 앞으로 진짜 되고 싶은 직업을 찾을 수 있는 가게였습니다. 꼭 다시 아이와 가고 싶습니다.

65. ㉠에 들어갈 알맞은 말을 고르십시오.
① 만나는 가게에
② 체험하는 가게에
③ 찾는 가게에
④ 설명하는 가게에

66. 이 글의 내용과 같은 것을 고르십시오.
① 우리는 이 가게에 자주 갑니다.
② 우리 아이는 학교에 다닙니다.
③ 아이는 지금 일하고 싶습니다.
④ 우리 아이는 요리사, 기차 운전기사, 편의점 직원을 체험했습니다.

※ **[67 ~ 68] 다음을 읽고 물음에 답하십시오.**

집이나 사무실이 정리가 되지 않는 이유는 너무 짐이 많기 때문입니다. 그러면 많은 짐을 어떻게 하면 좋을까요? 필요한 물건과 필요 없는 물건으로 나눈 후에 필요 없는 물건을 버리면 됩니다. 그런데 실제로 (㉠) 비싸게 산 물건이라서 언젠가 꼭 쓸 일이 있을 같아서 결국 필요한 물건과 필요 없는 물건을 알 수 없습니다. 1년 동안 한 번도 사용한 적이 없는 물건은 나중에도 쓰지 않습니다. 그러니까 이것을 기준으로 물건을 버리면 정리가 쉬워질 겁니다.

67. ㉠에 들어갈 알맞은 말을 고르십시오.
① 버리려고 하면
② 사려고 하면
③ 쓰려고 하면
④ 싸려고 하면

68. 이 글의 내용과 같은 것을 고르십시오.
① 1년 동안 사용 안 한 물건은 버리는 것이 좋습니다.
② 물건을 버리면 나중에 꼭 필요합니다.
③ 비싼 물건을 사면 버리면 안 됩니다.
④ 짐이 많으면 정리를 잘할 수 있습니다.

저는 3년 동안 미용실에 가지 않았습니다. 암 치료 때문에 머리가 빠진 아이들을 위해 머리를 기부할 생각이기 때문입니다. 제 친구는 머리가 아주 길었는데 3년 전에 머리를 잘라서 기부했습니다. 기부하려면 자른 후의 머리 길이가 25cm가 되어야 합니다. 그 이야기를 듣고 저도 머리를 기르기 시작했습니다. 그런데 머리카락을 기부하려면 파마도 염색도 하면 안 됩니다. 저도 유행하는 머리 모양을 하고 싶을 때도 있지만 제 머리가 아이들에게 도움이 되는 것을 생각하면 (㉠). 내일 드디어 머리를 자르러 갑니다.

69. ㉠에 들어갈 알맞은 말을 고르십시오.
① 미용실에 갈 수 있습니다
② 감을 수 있습니다
③ 자를 수 있습니다
④ 참을 수 있습니다

70. 이 글의 내용과 같은 것을 고르십시오.
① 파마 머리는 기부할 수 있습니다.
② 암에 걸린 사람들이 빠진 머리로 기부합니다.
③ 지금 제 머리 모양이 유행합니다.
④ 저는 내일 머리를 기부할 겁니다.

正答一覧

31	②	41	①	51	④	61	③
32	①	42	①	52	①	62	③
33	③	43	③	53	③	63	④
34	④	44	①	54	④	64	②
35	①	45	③	55	②	65	②
36	③	46	④	56	②	66	④
37	②	47	②	57	③	67	①
38	②	48	③	58	④	68	①
39	②	49	④	59	④	69	④
40	②	50	①	60	④	70	④

南嘉英（ナム・カヨン）
　韓国生まれ。崇實大学校工科学部電気工学科卒業。韓国放送通信大学校人文学部日本学科卒業。延世大学校韓国語教師研修所第 38 期修了。アイケーブリッジ外語学院で講師として勤務後，現在は韓国で韓国語・日本語講師として活動している。

《主要著書》
『韓国語能力試験 TOPIK 1・2 級 初級単語 800』
『韓国語能力試験 TOPIK 3・4 級 中級単語 1800』
『韓国語能力試験 TOPIK 5・6 級 高級単語 800』
『使ってみよう！ 韓国語の慣用句・ことわざ・四字熟語』
（以上，語研）
『韓国語フレーズブック』（新星出版社）

© Nam Kayoung, 2020, Printed in Japan

韓国語能力試験 TOPIK 1・2 級
初級読解対策

2020 年 9 月 10 日　　初版第 1 刷発行
2022 年 3 月 25 日　　第 3 刷発行

著　　者　南嘉英
制　　作　ツディブックス株式会社
発 行 者　田中 稔
発 行 所　株式会社 語研
　　　　　〒 101-0064
　　　　　東京都千代田区神田猿楽町 2-7-17
　　　　　電　話　03-3291-3986
　　　　　ファクス　03-3291-6749
組　　版　ツディブックス株式会社
印刷・製本　シナノ書籍印刷株式会社

ISBN978-4-87615-362-6 C0087
書名　カンコクゴノウリョクシケン トピック イチニキュウ
　　　ショキュウドッカイタイサク
著者　ナム カヨン
著作者および発行者の許可なく転載・複製することを禁じます。

定価はカバーに表示してあります。
乱丁本，落丁本はお取り替えいたします。

株式会社 語研
語研ホームページ https://www.goken-net.co.jp/

本書の感想は
スマホから↓